U0620416

西部地区低碳社会发展的战略选择

曲建升　王 宝　李恒吉 等/编著

科 学 出 版 社

北 京

内 容 简 介

本书以构建西部地区能源与环境协调发展的低碳增长模式为切入点，以西部地区低碳社会发展的战略选择为目标，全面论述了低碳社会建设理念及科技政策进展；综合分析了低碳社会发展的总体现状趋势、低碳社会的研究进展及低碳发展关注的主要科技和政策问题；系统梳理了目前国内外低碳社会建设的实践进展，特别是欧美发达国家的低碳社会建设经验，同时进行了我国低碳试点省（直辖市）的相关比较分析；从低碳能源、低碳产业体系、低碳城市、低碳建筑、低碳社区和低碳交通等维度凝练总结了西部地区低碳社会建设需要关注的重点工作及相关建议。

本书作为一项长期研究成果，其研究意义和结论既对不同层面政府相关部门的决策者有重要启示作用，同时对相关领域科研工作者及高等院校相关专业师生也具有重要参考借鉴价值。

图书在版编目(CIP)数据

西部地区低碳社会发展的战略选择/曲建升等编著.—北京:科学出版社，2017.12

ISBN 978-7-03-054237-3

Ⅰ.①西… Ⅱ.①曲… Ⅲ.①西部经济-低碳经济-区域经济发展-研究 Ⅳ.①F127

中国版本图书馆 CIP 数据核字(2017)第 210307 号

责任编辑：林 剑 / 责任校对：彭 涛

责任印制：张 伟 / 封面设计：无极书装

科学出版社 出版

北京东黄城根北街 16 号

邮政编码：100717

http://www.sciencep.com

北京京华虎彩印刷有限公司 印刷

科学出版社发行 各地新华书店经销

*

2017 年 12 月第 一 版 开本：720×1000 B5

2017 年 12 月第一次印刷 印张：12

字数：240 000

定价：128.00 元

（如有印装质量问题，我社负责调换）

序

资源短缺、生态破坏、环境污染、气候变化、区域经济社会发展不平衡是当今世界的共同挑战。自20世纪70年代以来，人类社会在全球可持续发展目标下，围绕发展道路、发展模式进行了积极的探索，并取得了阶段性的成效。气候变化是其中非常有代表性的科学问题，从科学、政策、公众认知、发展理念和政府行动等诸多方面取得系列性成果，其中，以系统性方案减缓气候变化的低碳发展理念与行动尤为成功。

党的“十八大”报告对推进中国特色社会主义事业作出“五位一体”总体布局，进一步明确了中国特色社会主义的发展方向。习近平总书记强调：“正确处理好经济发展同生态环境保护的关系，牢固树立保护生态环境就是保护生产力、改善生态环境就是发展生产力的理念，更加自觉地推动绿色发展、循环发展、低碳发展，决不以牺牲环境为代价去换取一时的经济增长”。“创新、协同、绿色、开放、共享”成为指导“十三五”和未来长期发展的基本理念，为我国构建低碳社会、发展低碳经济，建设高效、安全、清洁、低碳的能源供应体系与消费体系和新型发展路径提供了理论指导与实践基础。

我国西部地区自然资源与人文资源较为丰富，具有构建低碳社会、发展低碳经济的巨大潜力，也具备相应的基础和条件。在新一轮西部大开发中，低碳社会建设对于西部地区转变经济发展方式、优化产业结构，改变“高耗能、高排放、低效益”的经济社会发展模式大有益处：不仅可以缓解经济增长与资源环境保护之间的尖锐矛盾，还能极大地扩展国民经济和社会发展的空间，使西部综合实力加快提升。但作为一条全新的道路，其中潜在的困难与诸多的不确定性对西部地区而言是很大的挑战。

《西部地区低碳社会发展的战略选择》紧紧围绕西部地区低碳社会发展的战略选择这一中心任务，采用综合调研、比较分析、文献计量、系统分析、预测对比、专家咨询、会议研讨等分析方法和手段，系统梳理、总结了国内外低碳社会理念及科技政策进展和低碳社会建设实践，深入分析了我国西部地区构建低碳社会的特殊性和重要性；结合国际国内背景及西部地区自身发展的优劣势，研判了西部地区低碳社会建设的机遇与挑战；基于“一带一路”愿景与西部大开发国家战略的发展机遇，从技术创新、产业升级、金融支持、制度创新等角度，系统梳理了西部地区低碳社会建设的任务目标；深入剖析了西部地区潜在后发优势，论述了西部地区低碳社会建设的五大战略性支柱方向。

《西部地区低碳社会发展的战略选择》一书是曲建升研究团队多年来围绕西部地区特色化低碳发展路径的研究成果之一。该书紧扣西部地区实际与发展需求，对西部地区低碳社会建设工作进行了积极的思考，既有对西部地区发展现状与困难的深入剖析，也有对未来发展机遇与挑战的前瞻谋划；既有对西部发展宏观形势的梳理，也有对低碳社会发展理念的落地设计。建议一读。

刘燕华

2017 年 8 月

前　言

过去40余年中，国际社会对不断增加的温室气体排放及其所导致的气候和环境变化问题日益关注。人类活动驱动的气候变化正在深刻改变着自然生态系统的方方面面，并对人类社会所仰赖的农业和粮食安全、水资源安全、能源安全、生态安全和公共卫生安全带来深远的影响，直接威胁到人类的生存和发展。在此背景下，低碳经济、低碳生产、低碳消费、低碳生活、低碳社区、低碳城市、低碳建筑等理念、模式和行为应运而生，而这些共同构成了庞杂的低碳社会系统理念。

低碳社会建设已经成为可持续发展研究与实践的关注焦点。越来越多的发达国家和发展中国家正极力调整发展战略，积极探索向低碳社会转型的战略行动，寻求建立以低碳社会为最终目标的经济社会发展道路。众多国家开始着手从产业政策、能源政策、技术政策、贸易政策以及低碳社会构建路径等方面进行全面的理论研究和实践探索。从美国的低碳社会量化分析研究、英国的低碳技术和低碳发展成本关系研究，到日本的低碳社会路线图研究、印度多模式低碳社会研究，以及我国的低碳城市试点和可再生能源方面的引领式实践等，都在为低碳社会建设提供了有力的多元化研究与实践支撑。

我们还应该清醒地认识到，低碳社会建设是一项系统性和长期性的社会工程，需要社会各方力量积极参与来共同推进。从现有的研究和实践成果分析，低碳社会建设离不开三个基本特征：①创新。创新是实现低碳社会的最重要的支撑，不仅包含技术的创新，也包括社会治理模式上的创新。②协同利益。倡导协同利益以团结社会各方力量、整合各界利益，共同推动低碳社会建设，这是低碳社会建成的重要基础。③可持续性。低碳社会是人类面向未来的全新的可持续发展理念，在低碳社会目标之下，人地关系将以全新的秩序状态出现，可持续性是其中最根本的衡量标准。总体而言，当前低碳社会理论研究和实践经验正在走向成熟，但针对不同地域环境和社会发展模式的本地化研究与实践还有待继续深入。

本书聚焦西部经济社会欠发达地区的低碳社会发展挑战，采用比较分析、文献计量、系统分析、预测对比等定量分析方法和手段，结合理论探索与案例研究，力图梳理西部地区低碳社会建设的挑战与问题，发现西部地区低碳社会建设的机遇与路径。特别是结合西部地区在“一带一路”愿景与新一轮西部开发这一跨区域、跨国家合作的历史发展机遇，对西部地区如何发掘后发优势，从技术创新、产业升级、金融支持、制度创新等方面加快推进低碳社会建设，实现经济社会发展“弯道超车”的潜在机会进行了思考与探讨。

本书共分为 7 章，由曲建升、王宝、李恒吉等编著完成。曲建升参与了第 1 至 5 章的编写；王宝参与了第 1、2、5、6 章的编写；李恒吉参与了第 1、3、4 章的编写；其他作者以及他们分别承担写作的章节包括刘莉娜（第 3、7 章）、刘霞飞（第 4、7 章）、韦沁（第 5、7 章）、白静（第6、7 章）、边悦（第 2、7 章）。全书书稿的审定工作由曲建升、王宝、李恒吉完成。

本书是“西部之光”联合学者项目“西部地区低碳社会实现路径研究——以金昌市为例”的集成研究成果，同时还得到了国家重点研发计划课题“结构调整与减排管理对碳排放强度的作用规律及参数化”（2016YFA0602803）的支持。本书的撰写广泛参考了国内外学者有关低碳发展与西部开发的诸多研究成果与观点，并得到相关研究单位和政府部门多位专家的直接帮助，书稿完成之后，国务院参事刘燕华研究员拨冗为本书亲切作序，在此一并致以衷心感谢！

由于编者水平有限，加之相关研究领域涉及面广、研究进展迅速，书中错谬之处在所难免，敬请广大读者不吝指正。同时本书大量参考了各类文献资料，可能未一一列明，在此也对所有著者表示感谢。

编　者
2017 年 10 月

目 录 CONTENTS

第 1 章

低碳社会建设理念及科技政策进展

随着低碳经济在全球持续受到关注，一系列关于低碳的议题也得到了人们的高度重视。"低碳社会"概念最先由日本学者西冈秀三提出，而后逐步成为高层乃至民间瞩目的焦点。"社会"是一个极其抽象的概念，其在空间上所涵盖的范围也不统一。严格意义上的"低碳社会"的定义还没有得到普遍认同。根据英国和日本联合研究项目《通向 2050 年的低碳社会路线图》中对低碳社会的理解，低碳社会应该是这样一个社会：采取与可持续发展原则相容的行动，满足社会中所有团体的发展需要；为实现全球努力作出公平贡献，已通过削减全球大气中的二氧化碳和其他温室气体的排放，使其密度达到一个可以避免危险的气候变化的水平；表现出高水平的能源效率，使用低碳能源和生产技术；采取与低水平温室气体排放相一致的消费模式和行为。简而言之，低碳社会就是一个碳排放量低、生态系统平衡、人类的行为方式更加环保、人与自然和谐相处的社会①。

1.1 低碳社会的理念发展趋势

1.1.1 应对气候变化、构建低碳社会的科学共识正转变为全球行动

从 1972 年罗马俱乐部研究报告《增长的极限》（金燕，2005）指出地球潜伏的危机和发展所面临的困境并倡导"零增长"，到 1987 年世界环境与发

① 中国城市低碳经济网 . 2012-08-27. 低碳经济–低碳社会。

展委员会发表的《我们共同的未来》正式提出“可持续发展”理论和模式，再到1992年联合国环境与发展大会通过的《21世纪议程》，注重生态化发展理念和可持续发展思想的新发展模式开始逐步受到国际社会的重视和认可。近年来，针对日益严重的能源、资源危机和生态环境威胁，国际社会开始着手采取可操作性的控制措施。例如，1997年12月召开的《联合国气候变化框架公约》第3次缔约方大会上，149个国家和地区的代表通过了旨在限制发达国家温室气体排放量以抑制全球变暖的《京都议定书》（王英平，2006）；2008年在日本北海道洞爷湖举行的八国集团首脑会议宣布就温室气体长期减排目标达成一致，确立了至2050年将全球温室气体排放量至少减少一半的长期目标。据此发达国家到2050年温室气体排放将要减少75%~95%，接近零排放社会。2008年国际金融危机爆发以来，全球化呈现出的新特点之一就是气候变暖、温室效应的问题凸显（宫淑燕和夏维力，2011）。2008年的世界环境日主题定为“转变传统观念、推行低碳经济”，更是希望低碳经济能够得到国际社会的重视，并逐渐成为世界各国各级决策者的共识。全球气候变暖已严重影响人类环境和自然生态，导致水资源失衡、农业减产及生态系统严重损害等问题，给人类可持续发展带来巨大冲击。2007年，联合国政府间气候变化专门委员会（IPCC）全球气候变化研究第四次评估报告指出：气候变暖已经是“毫无争议”的事实，人类活动“很可能”即至少有90%是导致气候变暖的主要原因，特别是与人类活动中排放二氧化碳的程度密切相关。为实现全球温度上升的控制目标，未来10~20年必须扭转碳排放增长趋势，至2050年碳排放必须低于目前排放水平甚至减半。2014年11月，IPCC全球气候变化研究第五次报告进一步指出：确认世界各地都在发生气候变化，而气候系统变暖是毋庸置疑的；自20世纪50年代以来，许多观测到的变化在几十年乃至上千年时间里都是前所未有的。相比之前的评估报告，该报告更为肯定地指出一项事实，即温室气体排放以及其他人为驱动因子已成为自20世纪中期以来气候变暖的主要原因；当前有多种减缓途径可促使在未来几十年实现大幅减排。

1.1.2 发达国家纷纷采取实质性政策调整以推动经济社会低碳转型

改变全球变暖已经成为世界各国都无法回避的责任。近年来，发达国家纷纷采取实质性政策向低碳社会、低碳经济转型。英国是世界低碳经济的先行者和积极倡导者。作为第一次工业革命的先驱和资源并不丰富的岛国，英国充分意识到能源安全和气候变化的威胁，也充分认识到发展“低碳经济”的重要性。2003 年发布的英国能源白皮书——《我们能源的未来：创建低碳经济》，首先将“低碳经济”见诸于政府文件，体现了英国决心以能源环境为首要目标，建立低碳经济发展模式和低碳社会模式的初步构想。2006 年，经济学家尼古拉斯 · 斯特恩的《斯特恩报告》呼吁全球向低碳经济转型。2009 年 4 月，英国正式成为世界上第一个公布碳预算的国家。2009 年，英国能源与环境变化部的《通向哥本哈根之路》的报告，号召全世界行动起来，大力发展低碳经济；7 月，《英国低碳转换计划》提出 2020 年英国碳排放量在 1990 年基础上减少 34% 的目标。同时，英国政府公布了一系列关于商业和交通的配套改革方案，低碳经济进入实际操作层面。由上述可知，英国已经从国家战略的高度推行“低碳经济”，并希望借此大力促进新能源产业的开发，占据技术制高点，同时，运用多种手段引导人们向低碳生活方式转变。目前，英国已初步形成了以市场为基础、以政府为主导、以全体企业公共部门和居民为主体的互动体系，从低碳技术研发推广、政策发挥建设到国民认知姿态等诸多方面都处于世界领先位置。

同时，欧盟为应对低碳经济的发展，先后制定了多个能源战略。例如，2006 年，《欧盟能源政策绿皮书》提出强化对欧盟能源市场监管、开放能源市场、制订欧盟共同能源政策等措施。2007 年 3 月的欧盟峰会批准了所谓“2020 战略”。根据这一战略，至 2020 年，欧盟的温室气体排放量将在 1990 年水平上减少 20%，20% 的能源消费来自可再生能源，通过提高能源效率，使能源消费量减少 20% 。为实施这一战略，欧盟在 2008 年 1 月提出了立法建议，同年 12 月，欧洲议会通过了具有法律约束力的《气候与能源一揽子计划》。欧盟委员会主席巴罗佐认为，该计划将引导欧盟向低碳经济发展，鼓励开拓创新，提供新的商机，创造更多的就业机会，从而提高欧盟的竞争力。2010 年 3 月，欧盟委员会公布了《欧洲 2020 战略》。这一未来 10 年经济发展战略的主要内容是：发展以知识和创新为基础的智能经济；通过提高能源使用效率，增强竞争力，实现可持续发展；扩大就业，加强社会凝聚力。《欧洲 2020 战略》确定了多个具体的目标，其中与低碳经济有关的是：①提高资源的利用率，使经济增长与资源的使用“脱钩”；②加大在低碳技术领域的投资；③制定有利于低碳经济发展的产业政策。2011 年 3 月 8 日，欧盟发表了《在2050年实现低碳经济路线图》。顾名思义，这一“路线图”是欧盟为发展低碳经济确定的长期性战略。根据这一“路线图”，至2050年，欧盟的碳排放量将在1990年基础上减少80%。为了实现这一远大目标，这一“路线图”不仅为各个部门确定了减少碳排放的指标，而且还提出了在低碳技术领域加大研发力度和增加投资的要求，甚至还要求各成员国立即制定本国的“路线图”。美国、日本和澳大利亚等国也于2007~2008年先后制定了有关低碳经济的法案。2009年6月，美国众议院通过了《清洁能源与安全法案》，设置了美国主要碳排放源的排放总额限制：相对于2005年的排放水平，到2020年削减17%，到2050年削减83%。

1.1.3 发展低碳技术已经成为各国抢占未来经济制高点的战略选择

世界各国普遍强调，先进技术的研究、开发和应用是解决气候变化的最终手段。节能减排、降低碳强度、低碳能源开发和低碳产业的形成都依赖于低碳技术的开发应用。为了推动低碳经济发展，许多国家加大了对低碳技术研发的资金投入，制定低碳发展技术路线图，把低碳技术进步作为实现低碳经济的重要途径。低碳技术是指涉及电力、交通、建筑、冶金、化工、石化等部门以及在可再生能源及新能源、煤的干净高效应用、油气资源和煤层气的勘察开发、二氧化碳捕获与埋存等范畴开发的有效掌握温室气体排放的新技术。发达国家把应对气候变化的重点放在一些关键的节能技术和新能源技术，如第三代先进核技术、氢能技术、减排技术和碳封存技术等领域，加大资金投入，推进技术进步。尤其是全球金融危机以来，美国和欧盟大多将新能源和可再生能源作为政策扶持重点以及参与国际竞争的焦点，以低碳能源技术推动相应产业快速增长。同时，世界主要发达国家都致力于新能源技术和清洁能源技术的开发利用。例如，2009年，欧盟委员会宣布将在2013年之前投资1050亿欧元用于发展“绿色经济”；2008年，美国能源部投资31亿美元用于碳捕获及封存技术研发；2009年7月，英国公布了《低碳产业战略》。我国科学技术部、教育部、国家自然科学基金委员会、中国科学院和许多省市已经部署了发展低碳技术的计划，中国科学院2009年启动了“太阳能行动计划”。可以看出，低碳技术已成为未来国家竞争力的重要组成部分。虽然《气候变化框架公约》和《京都议定书》都特别强调，向发展中国家转让先进技术是帮助发展中国家参与国际社会共同应对气候变化的重要手段。但是，这些低碳技术关乎发达国家相关企业甚至整个国家在低碳经济时代的核心竞争力，以及发达国家对发展中国家进行技术转让的政治意愿不明确，加上技术转让过程中存在政策、资金、市场、信息和机构障碍等，真正进行技术转让进展的效果甚微。因此，发展中国家也纷纷加大低碳投入，以克服发达国家的低碳技术“锁定效应”。低碳经济正在成为刺激全球经济复苏、引领全球经济增长的新引擎，发展低碳技术已经成为各国抢占未来经济制高点的战略选择。

1.2 低碳社会的相关研究进展

随着工业化、城市化的深入发展，人类活动造成的能源安全与全球环境变化日益引起全球的广泛关注，以低消耗、低排放、低污染和高效益为特征的“低碳”发展模式受到国际社会、政府、环境非政府组织（Environmental Non-Governmental Organizations，E-NGOs）等推崇（解利剑等，2011），各界纷纷开展“低碳”的理论研究与实践探索，丰富了低碳社会建设的理论支撑和实践经验。

1.2.1 国外研究综述

从“低碳”概念的提出至今，低碳发展已成为国际社会迈向可持续发展的必然趋势。伴随着这一趋势的进展，国外学术界对于低碳社会相关理论和实践的研究也不断增多。

美国开创了低碳社会研究的量化分析。2008 年，发表的《低碳社会的远景方案》一书，通过对各个国家低碳方案的研究，给出了方案开发和低碳社会构建的量化背景，总结了不同国家建设低碳社会的经济含义、社会反响和技术发展等方面的经验，并提出了在各个国家建设低碳社会的可能性政策措施（Strachan et al.，2008）。2008 年美国学者 Charles 和 Renaud（2008）发表的《低碳社会：前景光明的艰辛过程》一文阐述了低碳社会的构建是一个伴随着经济低碳化和技术低碳化变革的系统性转型过程，低碳社会构建的前期和中期收益必然小于其投入成本，人们必须清醒地认识到这个前提条件。美国学者 Jun 等（2009）在《低碳社会方案：信息技术与生态设计》中提出了低碳社会的构建方案并预计在2050年实现预期目标，而这个方案是建立在对民意调查数据和相关专家立项研究数据的量化分析基础上。美国哈佛大学经济学教授爱德华·格拉什较系统地研究了城市碳排放量计算方法并进行了应用分析，同时对美国10个典型大城市中心与郊区单位家庭采暖、交通、空调及生活能耗进行了实证研究，提出了城市不同区域的碳排放标准明显不同，关键因素在于城市区域分布、交通因素及生活消费的能源利用结构存在很大差异。而且在低碳发展的土地利用方面，提出城市不能因为环境负荷加重而停止发展，而是应该通过政策调整与土地利用计划的合理安排强调区域的总体发展（Glaser，2008）。

日本在低碳社会研究与建设方面走在世界前列。2011年，由西岗秀三所著的《日本低碳社会的设计——零碳排放是否可能》一书，阐述了日本构建低碳社会的途径。书中指出，通过削减过度消费的需求与负担、革新能源供给系统、普及新能源技术及提倡低碳生活方式等手段，可以实现社会的零碳排放，并描绘出至21世纪中叶消减温室气体排放的具体方法。2010年5月，日本东京大学教授小宫山宏在《低碳社会》一书中量化分析了未来10年技术的进步与发展，以回应国际社会尤其是经济学界对日本原首相鸠山由纪夫（于2009年12月在丹麦哥本哈根召开的《联合国气候变化框架公约》缔约方第15次会议中声明的“2020年日本温室气体排放量将在1990年的水平上削减25%”）的质疑。他认为通过技术的进步和发展可以达成削减碳排放量的目标，并使日本在低碳社会构建的实践方面成为国际社会的领导者。日本学者中田俊彦从能源建设的角度，对能源系统模型应用对低碳社会构建的作用进行了分析，系统分析了低碳社会的能源体系需求，并通过技术模型对低碳能源体系的能源来源形式和能源转化技术要求进行了相关的实证分析和预测[①]。2011年，由日本一般社团法人编著的《走向低碳社会——由资源能源社会系统开创未来》围绕“低碳社会”这个热门话题，从资源、能源和社会系统三个独特的视角，分析和论述了实现低碳社会的重点技术和主要途径，以及大幅提高可再生能源的利用、开发低碳排放的能源供给技术、对社会系统和能源利用进行变革这三方面缺一不可。该书从不同的视角针对不同的领域，分析和论述了低碳技术的发展方向，并清晰地描绘出低碳技术的发展路

① http：//www. eff. most. tohoku. ac. jp。

线图，尤其是目前不得不大量使用的化石能源的低碳技术，以及新能源和可再生能源的技术发展方向。早在 2004 年 4 月日本环境省就启动“面向 2050 年的日本低碳社会远景”国家战略研究计划，该研究计划由来自大学、研究机构、公司等部门的约 60 名研究人员组成，分为发展情景、长期目标、城市结构、信息通信技术和交通运输 5 个研究团队，并于 2008 年发布了《日本低碳社会的情景：二氧化碳排放削减的路径》，阐述了日本 2050 年低碳社会发展的情景和路线图，指出在满足到 2050 年日本社会经济发展所需能源资源需求的同时，实现比 1990 年水平减排 70% 的目标是可行的，提出了在技术创新、制度变革和生活方式转变等方面的宏观对策。此外，2009 年完成的《面向低碳社会的 12 项行动》的研究报告，提出 12 项行动涉及住宅部门、工业部门、交通部门、能源转换部门及相关交叉部门，每一项行动中都包含未来的目标、实现目标的障碍及其战略对策以及实施战略对策的过程与步骤。这两项研究成果为日本政府推进低碳社会建设提供了重要理论与决策支撑（藤野纯一等，2008）。

英国领先低碳技术和低碳发展成本关系的研究。2006 年，尼古拉斯 · 斯特恩在《斯特恩报告》中勾勒了低碳社会构建的整体情景，以“成本—效益分析”方法对具体控制目标进行预测和论证，其研究成果被英国政府所采纳，成为英国政府制定相关低碳发展政策文件的依据。2007 年，克里斯 · 古多尔的《如何践行低碳生活——防止气候变暖指南》，通过对英国国民家庭生活中电能、石油和天然气等能源的量化统计，把国民的生活支出及各种物质消耗定量转化为温室气体排放，对低碳生活和消费方式进行了全面论述，并通过家庭调查取样进行实证分析，提出了在不改变目前生活水平及福利标准的基础上英国家庭人均碳排放量减半的具体实施方法（Goodall，2007）。2009 年，Andrew 发表的《低碳社会交通运输业基础设施的发展》一文中指出，交通运输业的基础设施如陆运、航运等运输载体的技术变革是发达国家构建低碳社会的主要驱动力量，并提出通过信息技术的发展来改善交通运输管理的软环境并提高基础设施投资的回报率。

印度的多模式低碳社会研究特征显著。2008 年，印度学者 Shukla 等发表的题为 *Low-carbon society scenarios for India* 的文章，评估了印度构建低碳社会的两种实践模式：①沿袭传统发展模式，即可通过短期调整将印度单位温室气体排放量降至国际标准范围之内；②将能源安全、空气质量、科技革新和适应能力等因素作为减排指标加以综合分析，以确保低碳社会的整体性构建。这两种模式都以一个集成建模框架为平台，并借此来分析和评估至21世纪中叶在减排等量温室气体的前提下对发展模式的选择，研究结果表明印度更应该选择第二种模式来构建低碳社会。

综上所述可以看出，多数发达国家通过调整发展战略，制定以低碳社会构建为最终目标的社会经济发展模式，开始了向低碳社会转型的战略行动，并已经着手从产业政策、能源政策、技术政策、贸易政策及低碳社会构建路径等方面进行全面的理论和实践研究。美国的低碳社会量化分析研究、日本的低碳社会路线图与建设研究、英国的低碳技术和低碳发展成本关系研究及印度的多模式低碳社会研究等都在促进各个国家低碳社会建设，并在发展低碳经济领域形成了自身特色，同时也推动了低碳社会构建的多元化研究。

1.2.2 国内研究综述

目前国内关于中国低碳社会构建的研究主要集中在六个方面：国外经验研究；中国低碳社会构建的模式途径；中国低碳社会构建的政府职能；中国低碳社会构建的低碳金融；中国低碳社会构建的文化基础；中国低碳社会构建的评价体系。

1.2.2.1 国外经验研究成果

陈志恒（2009）在《日本政府主导低碳社会行动及其主要进展》一文中详细评述了日本构筑低碳社会的历史进程与远景规划，并指出日本将建设低碳社会作为履行《京都议定书》减排义务的有效途径与缓解能源短缺压力的重要手段。田思源（2011）发表的《日本低碳社会的核电依赖与法政策》一文，阐述了日本建设低碳社会所引发的发展核电与社会公共安全之间的矛盾，指出我国在构建低碳社会中值得借鉴日本的经验，建立并完善核电发展与管理相关法律政策与应急机制。2011年，由王凡和刘东平所著的《丹麦——零碳生活细节》一书描述了丹麦零碳生活的点滴细节，概述了丹麦绿色发展模式和经验，总结了丹麦在构建低碳社会中形成的“丹麦模式”——“低碳排放—零碳排放—负碳排放”的绿色社会发展模式。该书以能源和气候问题为切入点，深入剖析了过去25年中丹麦在保持经济持续增长的同时确保温室气体排放逐年减少的原因。邢继俊等（2010）在《低碳经济报告》一书中，基于人类对气候变化认知的变迁，梳理并总结了低碳经济的产生背景及国际发展态势，对碳金融、碳交易、碳保存以及低碳技术、低碳城市、低碳社会等相关问题进行了专题论述，最后从我国国情出发，提出我国实现低碳转型的对策建议。薛进军和赵忠秀（2011）主编的《中国低碳经济发展报告》等年度系列低碳经济蓝皮书，概述了全球变暖和能源危机面临的重大挑战，并对国外如何应对气候变化、开发新能源的经验进行了全面总结，分析了低碳经济的经济理论、分析方法、政策设计以及国内外发展低碳经济和建设低碳城市的主要经验。樊纲在其编著的《走向低碳发展：中国与世界（中国经济学家的建议)》一书中指出了中国作为一个发展中国家应该在减缓碳排放方面采取的战略与措施，以及现有国际减排合作方面存在的问题，并提出了“国际间合作减排计划”，有助于促进发达国家与发展中国家合作实现更多的减排，从而达到共同防止气候变暖的目的。

1.2.2.2 模式途径构建研究

熊焰（2011）的《低碳转型路线图：国际经验、中国选择与地方实践》一文，是在当前国家确定了“十二五”绿色低碳发展方向，全国“五省八市”低碳经济试点启动的背景和契机下，在积极寻找国外低碳建设有益样本的基础上，围绕国内低碳建设的目标、原则和任务等，对中国低碳转型的最新进展进行梳理和归纳，结合国外低碳城市建设经验、地方政府和企业正在进行中的低碳发展实践，提出未来全球应对气候变化的新趋势以及中国低碳发展的未来之路，力求呈现出中国当前发展低碳经济所面临的机遇与选择。《中国低碳经济年度发展报告（2011)》（中国人民大学气候变化低碳经济研究所，2011）梳理了中国低碳经济发展的脉络，并结合国内外对低碳经济竞争力指标的最新研究成果，推出了适合中国国情的省域低碳经济竞争力指标体系，对全国各省自治区、直辖市进行排名，并划分为“低碳地区”“中碳地区”“高碳地区”。报告同时对包括中国、美国、英国等在内的50个国家及地区的低碳经济国际竞争力进行分析并排名。报告详细解读了中国低碳市场体系构建与政策驱动的关系，提出由低碳金融引导低碳经济发展，低碳技术保障低碳经济发展的理念。报告还呈现了低碳经济发展的国家、区域和企业三个层面的创新样板。《中国低碳经济发展研究报告》（李士等，2011）全面研究了中国的低碳经济发展状况，在对低碳经济内涵、特点和相关理论进行阐述分析的基础上，结合主要发达国家和发展中国家低碳经济发展的对比研究，剖析了当前中国经济发展面临的困境、机遇和挑战，并构建了中国低碳经济发展的指标体系与总体战略框架；最后，该书还对中国低碳经济的发展前景进行了预测，为中国低碳经济的发展提出了一些有针对性的政策建议。陈飞（2010）在其《低碳城市发展与对策研究——上海实证分析》一文中，分析了上海碳排放总量与碳源构成，通过对建筑、交通及生产领域碳排放现状的实证分析，找出目前低碳城市发展的矛盾与问题，预测相对脱钩及绝对脱钩模式下低碳社会的未来发展目标，确定生活消费低碳化、城市空间紧凑化、生产方式循环化，以及碳汇、碳捕捉方面的应对策略，指出上海发展低碳城市所需要的治理创新与政策保障制度。洪大用（2010）在《中国低碳社会建设初论》一文中指出，低碳经济与低碳社会存在必然关联，应对全球气候变化必须推动低碳社会建设，文章分析鉴于我国社会转型的特殊性，我国低碳社会建设面临选择困境、整合困境、持续困境以及外部突围困境和协同困境，因此建设我国低碳社会应当充分发挥现有体制的优势，但需推动其必要的功能转换，建立政府、市场与公民社会之间的适当关系。王芳（2011）在《论低碳社会建设的三个关键着力点》一文中，以低碳社会构建的模式和途径为切入点，阐述了建设低碳社会的三个关键的着力点：低碳社区、低碳发展能力和动力机制。三者共同为低碳社会的构建提供了一个务实有效的框架，是构成中国社会低碳可持续发展实践过程的几个关键的着力点。沈鸿（2012）在《中国低碳化社会建设的动因问题和方向》一文中，通过介绍低碳化概念与内容，逐一分析了我国低碳化社会建设的动因及在此过程中遇到的问题和困难，继而分别从技术、经济、政治、文化等方面对低碳化社会建设提出与之相对应的措施建议，旨在探讨在保持我国经济与社会继续快速增长的前提下，使我国经济发展与低碳化建设共同前进与发展。李明生和袁莉（2010）在《中国低碳社会的模式与建设路径探讨》一文中，阐述了发展低碳经济有赖于低碳社会的构建，并认为“两型社会”是中国特色低碳社会的具体模式，是中国发展低碳经济的具体行动。同时，以城市群为载体，提出以下几种低碳社会构建的途径：一是通过优化土地利用结构进而构建生态的城市群空间结构；二是通过倡导集约节约使用土地以构建紧凑的城市空间结构；三是通过优化能源结构与调整产业结构以转变发展模式；四是以公共基础设施的建设为导向构建低碳城市；五是以建筑节能为突破口，建立可持续的低碳生活方式；六是通过创新体制及政策工具，推进城际间低碳发展的协调行动。

1.2.2.3 政府职能建设研究

方世荣和孙才华（2011）在《论促进低碳社会建设的政府职能及其行政行为》一文中，从国家行政行为履行绩效的角度，探讨了促进低碳社会构建的新型政府职能对低碳社会建设的重要作用。作者认为，为了应对全球气候变化与能源资源危机，促进低碳社会构建与低碳经济发展已成为当代各国政府的新型职能。李铁英（2010）在《我国低碳社会建设面临的挑战与优势分析》一文中指出，与发展低碳经济相比较，低碳社会建设是更有效的科学战略。而且中国在低碳社会的构建过程中具备强大的国家动员体制和能力优势、成本优势，以及一定的公众环境意识水平基础，但同时还面临着来自资源禀赋、发展阶段、社会和文化等方面的挑战，因此选择积极发挥我国国家动员体制和能力优势，建立政府主导的、与市场和公民社会开展有效合作的低碳社会建设新体制，同时借鉴其他国家建设低碳社会的经验，积极参与国际合作，充分利用国际资源等适宜的路径，抓住机遇，迎接挑战，才有望实现我国社会的低碳转型。

1.2.2.4 低碳金融研究

张坤民等（2009）编著的《低碳发展论》收录了近年来我国学术界关于低碳发展的相关研究文献，从低碳经济、低碳能源、低碳社会和低碳城市等多个角度呈现了中国社会低碳发展的整体进程。潘家华等（2012）从低碳融资的机制与政策角度出发，围绕中国低碳发展的困境与融资需求、政府在低碳融资中所起到的作用以及中国低碳社会构建的融资工具等论题，整理并分析了国内外各个相关专业领域学者的专业见解，为解决中国低碳社会构建的融资困境提供了有益的途径。刘婧（2010）在《我国节能与低碳的交易市场机制研究》一书中，系统地论述了基于强度减排的我国碳交易市场机制，梳理了应对气候变化的相关环境政策和实践，回顾了国内外对碳交易市场的相关研究，并在此基础上分析了我国碳强度减排的目标和实现途径，研究了行业间、区域间和基于碳金融机制的碳强度交易市场机制，全面阐述了我国节能、低碳的交易市场机制，这对完善中国低碳社会构建的路径体系有着深远意义。毕旗凯（2009）从成本理论的角度对国际碳交易进行了分析，并对各主要碳交易模式进行了分析，在此基础上对我国现有环保项目的开展现状以及我国碳交易的基本要求、制度设计、发展历程和今后的制度框架进行了探讨。张景华（2013）认为碳税是减少碳排放的一种重要的经济手段，在减排中应有所为，将开征碳税作为应对气候变化的重要税收政策工具，并分析了征收碳税的经济效应，探讨碳税对经济增长、收入分配和节能减排的影响。

1.2.2.5 文化基础研究

我国学者张利（2010）从社会推行低碳教育的角度指出：低碳理念为节能减排、发展循环经济与建设和谐社会提供了操作性诠释，是落实科学发展观、建设节约型社会的综合创新与实践，是中国构建低碳社会的思想基础。在校教育应积极培养可再生能源行业人才，同时引领和推广低碳理念，提倡低碳生活方式。陈南（2013）主张建立低碳校园，培养学生对环境负责的行为和解决环境问题的能力，为社会环境保护做贡献。解振华（2010）认为中国应从以下六个方面来推动低碳经济和社会的发展：第一，加强政策引导和宏观协调；第二，贯彻落实各项政策措施；第三，部署发展低碳经济试点工作；第四，提高发展低碳经济相关能力建设；第五，加强宣传教育，提高全民意识；第六，组织开展对外交流与合作。我国学者李瑞锋认为只有通过创新低碳技术、倡导低碳消费文化、践行低碳生活方式进行人类自我救赎，才能促进低碳社会顺利转型和低碳经济的可持续发展。薛桂波在先后发表的《低碳社会的文化动力》（薛桂波，2011a）、《如何看待人与自然的博弈——低碳社会的自然观辨析》（薛桂波，2011b）、《马克思自然观视角下的低碳社会建设》（薛桂波，2011c）系列文章中，阐述了马克思主义唯物史观视域中的低碳社会建设问题以及文化视域中的低碳社会的构建动力问题，认为低碳社会的构建旨在缓解人与自然的矛盾，促进经济社会与自然环境的全面协调和可持续发展，马克思的自然观既强调人类的主体性，亦强调人与自然的统一性，蕴含着自觉寻求人与自然和谐关系的生态取向，为低碳社会提供了重要的理论基础和现实启示。作者认为我们必须坚持马克思的自然观，以科学发展观为指导，将人的全面发展作为低碳社会的价值内核，通过经济发展方式的根本转变以及低碳技术创新等途径，促进低碳社会的发展。而且低碳社会的构建不仅仅是一个技术问题，更与整个社会的文化价值理念密切相关，进而阐述了文化以其独特的信仰和信念倾向、伦理道德判断、价值标准的考量渗透于经济、科技等活动中并为其提供持久的动力源泉。熊小青（2011）在《我们应在何种意义上理解低碳社会》一文中，从低碳社会的社会关系的复杂性、低碳社会的伦理学及低碳社会的道德实现等角度分析了低碳社会的道德前提，认为基于环境问题而提出的低碳社会，对于人类的可持续发展无疑是正义的。但以此为基点深入到被划分至不同国家、不同民族和不同阶层之中的具体的人时，低碳社会的正义性却受到了质疑。

1.2.2.6 评价体系研究

任福兵等（2010）在《低碳社会的评价指标体系构建》一文中，认为低碳社会是在全球气候变化和能源危机下产生的新型发展方式，是人与自然协调发展的基本要求和必然趋势。作者从发展低碳社会的内涵和特点出发，按照指标体系的构建原则，依据一定的方法和依据，建立了三层次多指标的低碳社会评价指标体系，利用德尔菲法确定各层次相关指标的权重，综合评价低碳社会的发展水平，并指出存在的问题和障碍。陈平和余志高（2011）在《我国低碳社会综合评价体系研究——以浙江省为例》一文中指出，低碳经济必然与低碳社会相关联，随着低碳经济在全球的加速发展，低碳社会也随之发展。作者从低碳社会的概念出发，以浙江省为例，从宏观视角构建能够客观反映低碳社会各个发展内容的综合评价体系，包括社会消费系统、产业能源系统、生态环境系统及支撑系统，并运用层次分析法，对评价体系进行权重划分。同时还收集了2003～2008年浙江省的相关数据，运用灰色关联度分析法对浙江省近6年的低碳社会建设进行评价，分析评价结果，找出浙江省在低碳社会发展中的矛盾与不足；并从政府、消费者和企业等不同角度出发，提出相关的低碳政策建议。

1.3 低碳发展的主要科技问题

通过梳理国内外低碳发展研究文献，归纳总结了以下几个方面重点关注问题与研究热点。

1.3.1 国内低碳发展关注的主要问题

以中国期刊全文数据库（CNKI）为数据源，通过“低碳社会”为主题检索近10年的文献，共找到1238篇相关文献。通过搜索近10年主题为“低碳经济”的文献，共找到12 365篇相关文献，经过初步筛选去掉重复，其中主题词为“低碳经济”的文献中有关定量研究的有700篇，仅占全部文献的

5.7%，而定性研究的文献达到了83%，相关案例研究的约有1400篇，占全部文献的11.3%。定性研究的文献主要是围绕低碳经济内涵、我国低碳经济发展状况、其他国家发展低碳经济的成功经验及其借鉴意义。图1-1为关键词共现网络图。图1-2为关键词出现频次排序。

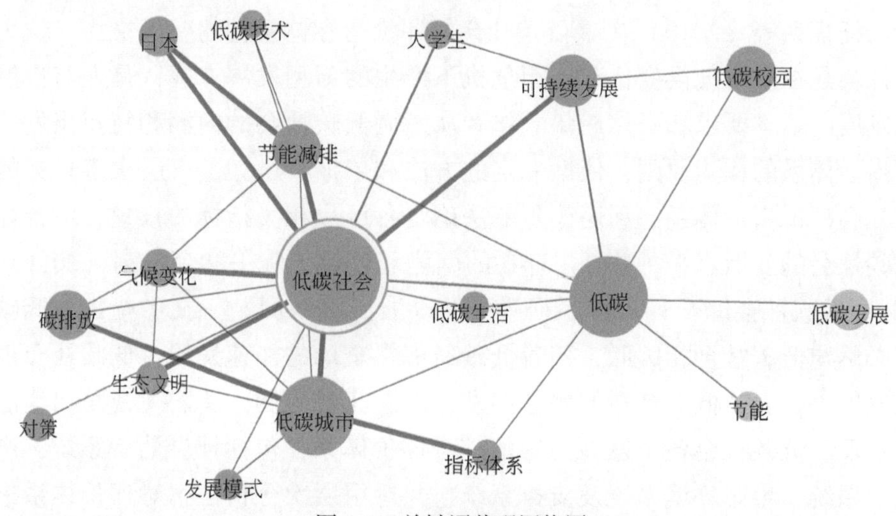

图1-1　关键词共现网络图

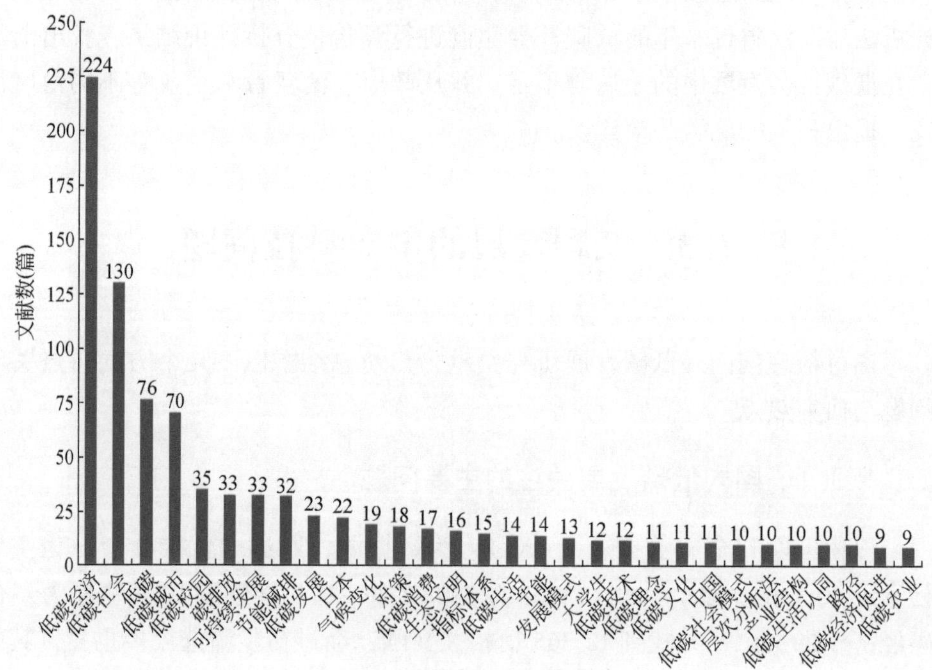

图1-2　关键词出现频次排序

从近 10 年国内以低碳社会为主题的研究文献来看，研究的主要热点问题集中在五个方面：一是概念和内涵研究；二是我国低碳社会和低碳城市发展模式研究；三是我国低碳社会构建的评价体系研究；四是发达国家低碳社会经验及成果研究；五是低碳经济发展与气候环境变化的研究。

1. 3. 1. 1 概念与内涵研究

国内学者对低碳社会概念和内涵进行了深入研究。洪大用（2010）从着眼于推动整个社会变革的角度指出，低碳社会是指适应全球气候变化、能够有效降低碳排放的一种新的社会整体形态，它在全面反思传统工业社会之技术模式、组织制度、社会结构与文化价值的基础上，以可持续性为首要追求，包括低碳经济、低碳政治、低碳文化和低碳生活的系统变革。薛桂波（2011a）认为，低碳社会一般是指通过发展低碳经济，培养可持续发展、绿色环保、文明的低碳文化理念，创建低碳生活，形成低碳消费意识，达到经济社会发展与生态环境保护双赢的一种社会发展模式或状态。赖章盛和李红林（2011）认为，低碳社会是人类在建设生态文明过程中，以人与自然和谐相处为基本理念，以低碳经济为基础，以低碳发展为发展方向，以低碳生活为生存方式，以经济、社会与环境可持续发展为发展目标的经济社会发展模式。

1. 3. 1. 2 低碳社会和低碳城市发展模式研究

我国学者在研究发达国家发展低碳经济的做法和经验的基础上，对我国低碳社会和低碳城市发展模式开展了相关研究。斯德斌（2013）认为，我国低碳社会是以低碳发展为主导方向，以低碳生产和生活为主要方法，以节能减排为主要发展方式，以国家政策为引导、法律为保障、技术为支撑，包括低碳经济、低碳政治、低碳文化和低碳生活的系统变革，从而形成以可持续性为首要追求，能适应全球气候变化、能够有效降低碳排放的一种新的资源节约、环境友好的社会整体形态。刘华容（2011）提出了适合我国国情的低碳经济“三足鼎立”发展模式，即以人文（精神）低碳经济为中心、自然（物质）低碳经济和社会（关系）低碳经济为两翼，并通过人的低碳活动，包括低碳科技和管理所形成的整合效应的模式。作者认为该发展模式是适应我国国情以及当代经济发展方式的，并且是一种能取得成功的发展模式。刘文玲和王灿（2010）对国际和国内低碳城市发展实践探索的基础上，总结出现有低碳城市实践所遵循的四种发展模式，包括综合型“低碳社会”目标模式和低碳产业拉动、“低碳支撑产业”、示范型“以点带面”三种过渡模式。谭志雄和陈德敏（2011）从总体模式、指导理念、基本思路及主要领域等角度对我国低碳城市发展模式进行了构想，提出我国低碳城市发展模式应选择“C”模式，即以低碳发展为主导方向，以节能减排为发展方式，以低碳生产和生活为主要方法。谢更放和余侃华（2015）从低碳城市内涵、研究内容、研究方法和研究尺度四个方面对国内低碳城市研究进展进行梳理，明确了当前我国低碳城市发展存在的关键问题，在借鉴国外先进经验的基础上，从产业、空间和技术等方面构建我国低碳城市的发展模式，并提出相应的规划策略。

1.3.1.3 低碳社会构建评价研究

构建低碳社会评价体系的目的在于找出在低碳社会发展中的矛盾与不足，以提出合理的、适合各地区的低碳社会发展策略。任福兵等（2010）认为，低碳社会是在全球气候变化和能源危机下产生的新型的发展方式，是人与自然协调发展的基本要求和必然趋势。其从发展低碳社会的内涵和特点出发，按照指标体系的构建原则，依据一定的方法和依据，建立了三层次多指标的低碳社会评价指标体系，利用德尔菲法确定各层次相关指标的权重，综合评价低碳社会的发展水平，分析了存在的问题和障碍。陈平和余志高（2011）从低碳社会的概念出发，以浙江省为例，从宏观视角构建能够客观反映低碳社会各个发展内容的综合评价体系，包括社会消费系统、产业能源系统、生态环境系统和支撑系统，并运用层次分析法对评价体系进行权重划分。作者收集了2003～2008年浙江省的相关数据，运用灰色关联度分析法对浙江省2003～2008年的低碳社会建设进行评价，分析评价结果，找出浙江省在低碳社会发展中的矛盾与不足；同时从政府、消费者和企业等各个角度出发，提出相关的政策建议。

1.3.1.4 发达国家低碳社会经验及成果研究

王新和李晓萌（2010）指出，日本提出应对挑战的三个低碳理念，即最低碳排放、简朴生活和与自然共生，并以能源和环境方面的高新技术作引擎，以强有力的政策、法规作支撑，低碳社会建设步伐有条不紊，这对我国低碳社会建设有着有益的参照。来尧静和沈玥（2010）回顾了丹麦低碳发展历程，认为丹麦的绿色能源战略、建筑能耗降低措施和相应配套的税收制度及激励政策对我国两型社会建设具有重要的借鉴意义，并指出其对我国的启示：

一是必须以能源技术创新为低碳经济发展的核心要素，通过技术创新，解决能源短缺问题，从而推动能源结构持续优化；二是关注建筑能耗问题，将建筑节能作为我国节能减排的重要内容；三是重视配套相应的税收制度和激励政策，持之以恒地支持和推动我国低碳发展。

1.3.1.5 关于低碳经济发展与气候环境关系的研究

气候环境的变化对人类可持续发展的威胁是发展低碳经济的起因，而改善气候环境以维持人类社会的可持续发展也是发展低碳经济的目的。刘静暖和纪玉山（2010）根据马克思的自然力理论，阐述并指出当今的气候变化，属于人类超载利用自然力招致的自然力报复，是一种资源型气候自然力供给不足型危机，是资本追逐剩余价值，长期推行“高碳”经济的结果；如不加以遏制，必将导致财富源泉枯竭，发生经济社会不可持续性总危机。作者认为抵御气候变化，构建低碳经济中国模式，应以自然力可持续利用为原则；创立气候自然力“第5要素”说；倡导低碳生产与生活方式；建立健全碳交易体系，推动碳减排合作；防范资本本性与低碳经济“冲突”的多途径转嫁。丑洁明等（2011）认为，低碳经济是一种新型的发展模式，是一个涉及经济、政治、社会、科技、环境乃至国际合作诸多领域的系统性问题；发展低碳经济是我国应对气候变化与环境危机的根本出路，解决好经济发展与环境保护的矛盾是构建我国低碳经济发展模式的根本原则；构建我国低碳经济发展模式关键在于制度保障，当前应特别强调和发挥经济政策在发展低碳经济中的引导作用。钱树静（2011）认为，发展低碳经济是发展中国家的必由之路，但受技术和资金短缺的制约，该文侧重分析了如何在国际合作框架下实现低碳技术转移和解决资金瓶颈问题，指出如果发展中国家能够成功获取现有的低碳技术、发达国家和发展中国家能够在新的低碳技术上实现合作，则全球范围内实现低碳发展的目标就有可能实现。

1.3.2 国外低碳发展关注的主要问题

采用数据库ISIWeb of Science（SCI-E、SSCI），运用关键词结合领域分类的方法检索了数据库中所有低碳社会研究方面的论文，并剔除了与低碳社会无关的领域，以此来发现国外低碳发展所关注的热点问题。检索时间设置为1985~2015年，文献类型设置为论文、会议论文和综述，共检索到有效数据715条。研究内容主要有四个方面：一是低碳经济内涵及相关概念的研究；

二是碳排放与经济增长、能源消费之间关系的研究；三是关于碳排放交易机制的研究；四是碳减排机制及方法的研究。

1.3.2.1 低碳社会内涵及相关概念的研究

自2004年日本环境省在“面向2050年的日本低碳社会情景”的国家战略研究项目中首次提出“低碳社会”一词以来，国外众多学者从不同角度丰富和拓展了低碳社会的概念和内涵，同时“碳锁定”“碳足迹”“碳中和”“碳源”“碳汇”“碳交易”“碳税”等与低碳社会相关的一系列新概念、新术语也相伴而生，这些概念与术语从不同层面揭示了低碳社会的内涵与特征。2007年2月发表的《日本低碳社会（LCS）情景——2050年二氧化碳排放量缩减70%的可行性研究（基于1999年水平）》[①] 提出，为达到低碳社会，应依靠以下社会经济条件：一定要保持经济增长和社会的生命力；满足在预期社会经济情况下的能源服务需求；考虑像电动交通工具和氢气交通工具的新技术，不能考虑像核聚变这样不确定的技术；与国家现有的长期政府计划保持一致，如核能这样的计划。英国国家环境研究院指出（Jim and Shuzo，2008）低碳社会至少应该包括四种要素：一是能够与可持续发展原则兼容，确保满足处于不同发展阶段国家的发展需要；二是在控制温室气体排放方面，为实现全球努力做出公平的贡献，避免危险的气候变化；三是呈现高水平的能源利用率以及使用低碳能源和生产技术；四是采用与温室气体低排放量一致的消费和行为模式。

1.3.2.2 碳排放与经济增长、能源消费之间关系的研究

20世纪90年代以后，美国经济学家格鲁斯曼（Grossman）等提出了“环境库兹涅茨曲线”概念，认为环境质量同经济增长一样也是呈倒“U”形关系。近10年来，国外围绕碳排放与经济增长、能源消费之间关系的研究逐渐成为热点，其中以支持二氧化碳排放环境库兹涅茨曲线存在的有效证据较多。Richmond和Kaufmann（2006）针对经合组织国家的研究指出，存在一定的证据表明环境库兹涅茨曲线关系的存在。Huang等（2008）对21个经济发达国家的温室气体排放与GDP情况进行了分析，发现有7个国家出现了环境库兹涅茨曲线。Lantz和Fang（2006）采用集合和固定效果的估计模型对加拿

① http：//2050. nies. go. jp/report/file/lcs_japan/70reduction-Japan_translete-Chinese. pdf。

大1970~2000年人均GDP、人口、技术和二氧化碳排放数据进行了回归分析，发现二氧化碳排放量与人口/技术之间存在显著的二次关系。Fan等(2006)利用STIRPAT模型对1975~2000年不同经济水平的国家的人口、经济和技术水平对碳排放的影响进行了综合分析，认为这些因素对不同发展水平国家碳排放的影响是不同的。

1.3.2.3 关于碳排放交易机制的研究

国外对碳排放交易机制的研究起源较早。Cornwell和Gunasekera（1998）认为澳大利亚在构建碳排放交易机制中应该考虑以下因素：一是产品的定义（排放许可证期限、排放负荷、排放总量、温室气体覆盖范围）；二是市场参与者（强制性参与者、自愿性参与者）；三是许可证的分配（拍卖、免费分配）；四是管理方案（许可证和排放的监管、强制执行）；五是市场机制（交易机制、市场势力）。van Egtere和Weber（1996）认为在排放权交易市场中，具有市场势力的企业可能会因为排放权的初始分配而出现违规行为，从而影响污染治理效率。

1.3.2.4 碳减排机制及方法的研究

伴随人们对全球气候变暖影响的关注，国外学者开始针对碳减排的机制与情景进行分析，并形成了相关理论、模型与分析指标。比较有影响的是GDP与碳排放量的脱钩理论。Fiorito（2013）研究了全球133个国家1960~2010年碳排放与经济增长之间的脱钩情况。经济合作与发展组织2002年研究了环境压力与经济增长脱钩指标的国家差别，发现环境与经济脱钩的现象普遍存在于经济合作与发展组织国家中，且环境与经济的进一步脱钩是有可能的，从而得出结论。Conrad和Cassar（2014）基于驱动力、压力、状态、影响和反应等框架，设计了脱钩指标体系。

1.4 低碳发展的主要政策问题

1.4.1 欧盟低碳发展的主要科技政策

欧盟为低碳经济发展的倡导者，视低碳经济为新的工业革命。自《京都议定书》签署以来，欧盟在减排方面一直走在前列，对区域内的工业产品制定了严格的节能与排气量指标，影响了全球工业生产品的竞争格局，也为欧盟赢得了新经济竞争的初步优势。2008 年欧盟发表了《气候行动计划：变化世界中的能源》，制定了 2020 年低碳发展的目标：在 1990 年的基础上至少削减 20% 的温室气体排放（如果其他发达国家承诺减排目标，可减排 30%），能源消费中可再生能源比重增加到 20%，提高能效，将能源消耗降低 20%。

1.4.1.1 实施排放交易体系

欧盟排放交易体系（Emission Trading Scheme，ETS），是世界上第一个多国参与的排放交易体系，也是欧盟为了实现《京都议定书》确立的二氧化碳减排目标而在 2005 年构建的气候政策体系。它是欧盟气候政策的核心部分，以限额交易为基础，提供了一种以最低经济成本实现减排的方式。欧盟 ETS 遵循总量管制和交易的规则，在限制温室气体排放总量的基础上，通过买卖行政许可的方式进行排放。在欧盟 ETS 框架下，欧盟成员国政府必须执行由 ETS 制定的国家排放上限。在此上限内，各公司除了分配到的排放量以外，还可以出售或购买额外的需要额度，以确保整体排放量在特定的额度内。超额排放的公司将会受到处罚，而配额有剩余的公司则可以保留排放量以供未来使用，或者出售给其他公司。

1.4.1.2 加大财政投资

欧盟制定了各种政策来保障低碳技术发展，力图通过开发廉价、清洁、高效和低排放的低碳技术来保持国际领先地位。其中，最为显著的措施就是进一步增加政府对低碳技术的直接投入。随着 2007 年《欧洲能源政策》的颁布，欧盟能源开始向低碳化、环保的道路迈进。欧盟希望通过这种努力能够使各个成员国在满足欧盟利益与国内需求的情况下深化各国政策的一致，采用相应的能源替代品，降低对外的依赖。2007 年 10 月，欧盟委员会研究决定加大对低碳技术的支持力度，制定了 10 年增加 500 亿欧元的发展目标。2009 年，欧盟加大了建设低碳领域的投资，投资总额为 1050 亿欧元。2012 年，欧盟宣布投入 15 亿欧元资助整个欧盟的可再生能源及碳捕获和储存项目。2008 年，欧盟开始实施首个“能源气候一揽子计划”——到 2020 年实现“三个 20%”的目标，即可再生电力占比提高 20%、能效提高 20%、碳排放量相比 1990 年减少 20%，投资总计 4000 亿欧元。

1.4.1.3 制定了能源技术战略

在欧盟第七研发框架计划（FP7）的资助支持下，欧盟战略能源技术行动计划（SET-Plan）自2007年开始实施，已成为支撑欧盟能源与气候政策的重要基石。每年整合的研发创新资金平均达80亿欧元，形成了欧盟层面的跨成员国、跨区域、跨行业和跨学科联动机制。2015年9月，欧盟委员会再次推出经过重新整合的新版欧盟战略能源技术行动计划。该行动计划致力于围绕共同目标，加强欧盟委员会、成员国、区域、工业界、科技界和利益相关方之间的相互协同，统筹研发创新资源，优化配置成果共享，加速欧盟低碳能源体系转型升级。为此，欧盟地平线2020（Horizon 2020）科研计划通过决定，在原有基础上增加新能源技术研发创新投入2倍，确保欧盟战略能源技术及产业的世界领先水平。

1.4.2 英国低碳发展的主要科技政策

英国是发展低碳经济的倡导者，不仅着力于解决其国内的减排和替代转型问题，而且积极推动世界范围的低碳经济，从低碳技术研发推广、政策法规建设到国民认知姿态等诸多方面，都处于领先位置。2003年，英国政府在备受国际社会广泛关注的《能源白皮书》中，首次正式提出“低碳经济”的概念，其指出，低碳经济是通过更少的自然资源消耗和环境污染，获得更多的经济产出，创造实现更高生活标准和更好生活质量的途径和机会，并为发展、应用和输出先进技术创造新的商机和更多的就业机会。2012年5月22日，英国能源与气候变化部（DECC）公布了酝酿已久的能源改革方案。此方案成为现行政策后，催生了英国自电力市场自由化后20年来最大规模的能源改革。

1.4.2.1 制定低碳发展战略目标

英国在2003年发布的能源白皮书中，明确提出英国到2050年实现向低碳经济国家的转变。在2008年实施的法律文件《气候变化法案》中，明确规定了英国今后几十年的碳排放目标，以1990年的碳排放量为基准，在2020年之前至少减少碳排放34%，而到2050年英国实现低碳国家时至少减少80%的碳排放量。

1.4.2.2 激励市场机构实践改革

相比而言，英国碳金融发展基础良好、优势明显，如首都伦敦从18世纪以来一直就是国际上重要的金融中心，目前拥有许多大型金融机构，这为英国在碳市场的引领下开展多层次的金融创新创造了良好条件。在政府激励和市场引领下，传统的金融机构积极参与到英国的碳金融发展之中。2001 年，英国政府出资设立了非盈利性公司——碳信托基金会，通过与商业和公共部门的合作，实现碳减排和低碳技术商业化，推动公共部门与私营部门共同参与低碳发展。为更好地应对气候变化、落实能源安全战略，2012 年 11 月，英国政府又出资 30 亿英镑，建立了全球第一家专门致力于绿色经济投资的英国绿色投资银行（GIB）。目前，GIB 遵照英国政府所确定的优先领域，通过开发海上风电、垃圾回收和提高能效等方式落实英国政府的绿色新政。

1.4.2.3 以低碳技术促进清洁能源开发

2009 年，英国发布的低碳能源国家战略白皮书，提出了 2020 年和 2050 年英国的碳减排目标，同时制定了各部门的碳减排目标及减排措施。所以英国政府早已认识到开发并掌握低碳技术的重要性，注重运用财政、金融、税收和政策，投入大量人财物进行新型低碳技术的研究与开发。英国在低碳技术的研发与应用过程中，将清洁能源纳入国家战略范畴，统筹规划、协调发展，积极探索环境发展模式，加强环境技术研发投入，发展清洁能源；同时，加大对低碳产业的投资力度，加大对低碳产业的政策性资金扶持，完善低碳经济相关立法，引进碳预算机制；利用市场机制采取一系列激励措施引导企业低碳升级；充分发挥地方政府在节能减排工作中的关键作用，力推能源供应结构改革；加大对低碳经济的宣传力度，引导人们向低碳生活方式和消费模式转变，推动低碳社会的实现。

1.4.3 日本低碳发展的主要科技政策

日本政府高度重视低碳社会发展，其原因在于：首先日本是典型的岛国，受其地理环境条件的制约，气候变化对其影响远远大于其他国家；其次，日本能源资源匮乏，如若不控制对能源的使用，不开发新型能源，日本经济会受到巨大阻碍。另一个很重要的原因是，在 20 世纪 90 年代，日本经历了非常严重的金融危机，泡沫经济彻底崩溃，政府迫切希望寻求新的经济发展模式。在此多重背景下，日本通过不断出台重大政策，将重点放在发展低碳经济上，尤其是能源和环境技术开发方面，正是希望转变经济发展模式，占领未来经济发展制高点（邵冰，2010）。

1.4.3.1 低碳技术的研发和创新

日本特别强调低碳社会过程中的技术创新，并以此保持其在环境和能源领域的技术领先地位，引领世界低碳技术的前进方向（陈志恒，2009）。2008年，日本环境省发布了《面向2050年日本低碳社会情景的12大行动》的研究报告，涉及住宅部门、工业部门、交通部门、能源转换部门以及相关交叉部门。2008年5月，日本内阁公布了《低碳技术计划》，提出了实现低碳社会的技术战略以及环境和能源技术创新的措施，内容涉及超燃烧系统技术、超时空能源利用技术、节能型信息生活空间创新技术、低碳型交通社会构建技术和新一代节能半导体元器件技术五大重点技术领域的创新。日本政府还制定了技术战略图，根据“技术战略图”动员政府、产业界、学术界构成的国家创新系统调动国家和民间的资源，建立官、产、学密切合作的国家研发体系，全方位、立体地开展低碳技术的创新攻关（李晴等，2011）。

1.4.3.2 开发和高效利用可再生能源

日本是世界上可再生能源发展最快的国家之一。日本能源政策的首要任务是实现“3E”，即能源安全（energy security）、能源增长（energy growth）以及环境保护（environmental protection）的协调发展。2008年，日本在《面向2050年日本低碳社会情景的12大行动》报告中提出，通过低碳技术生态环保能源使用，争取到2020年使碳捕获与埋存技术实用化。2009年4月，日本政府推出“日本版绿色新政”四大计划：一是太阳能利用达到世界第一；二是在世界上最早实现普及环保汽车；三是推进低碳交通革命；四是实现资源大国目标，并预期到2020年增加50万亿日元市场需求和140万人的就业机会。此外，日本政府还先后出台一系列相关政策措施，并投入了巨额资金补贴，鼓励有利于绿色能源发展的活动，促进日本的新能源利用达到全球顶尖水平。

1.4.3.3 增加清洁能源的补助

日本政府在出台和启动多项能源计划和社会技术战略的各项措施的同时，制定了相关的配套激励政策和资金补贴规定，大大推动了日本清洁能源的开发利用，以及日本低碳社会的发展进程。2013年9月，日本经济产业省提出在下一年度预算（2014年4月1日起）中将清洁能源投入提高62%，达到1981亿日元（约合20亿美元），扩大清洁能源安装量，以推动能源结构的多元化。同期，日本环境省也提出了将435亿日元预算用于打造清洁能源低碳社会，其中20亿日元用于补贴地热发电开发的商业计划和设备购置。此外，环境省还提出将700亿日元预算用于2013年7月创办的清洁能源基金（初始经费14亿日元），主要投入于企业清洁能源项目和二氧化碳减排。

1.4.3.4 实行“碳足迹”制度

为推动日本碳标示制度，日本经济产业省于2008年4月设置“碳足迹制度实用化、普及化推动研究会”，2008年6月9日，日本首相福田康夫公开表示，日本将推动碳足迹制度化。2009年8月，日本开始实施《日本碳足迹标识制度》，标志着日本碳足迹制度的正式实施。2009年9月，日本颁布了《碳足迹计算结果及表示方法相关验证规则》，对碳足迹的验证流程和工作方法进行了规范。

1.4.4 美国低碳发展的主要科技政策

随着越来越多的国家为应对温室气体所导致的全球气候变暖问题而开始重视低碳经济的发展，而美国却对低碳经济持不温不火的态度。从布什政府拒签《京都议定书》到奥巴马政府倡导“绿色新政”，美国的低碳战略不断调整变化。虽然没有像其他一些发达国家那样高度重视低碳经济，但是美国长期以来在低碳发展领域积累了丰富的研究和实践经验，也形成了独具美国特色的低碳发展模式。

1.4.4.1 在排放权交易制度上积累了有益经验

20世纪70年代中期以后，美国政府就开始尝试将各种类型的排污权交易实施于大气污染和水污染管理中。1970年，美国政府通过《清洁空气法案》，制定了国家大气环境质量标准和实施行动计划，以排污削减信用（Emission Reduction Credits，ERCs）的排放权交易制度为基础，建立由补偿政策、气泡政策、存储政策和净得政策四项政策构成的排放权交易体系。1990年，美国在《清洁空气法案》修正案中建立了“酸雨计划”，确立了排污权总量与交易模式，使1990~2006年二氧化硫排放总量下降了40%，堪称美国最成功的排污权交易实践。围绕氮氧化物、二氧化硫和汞等大气污染物排放量的降低，2005年美国制定了以清洁空气州际规划为核心的综合性规划，2008年美国区域温室气体减排行动（Regional Greenhouse Gas Initiative，RGGI）开始启动。

1.4.4.2 强制政策与财政激励政策相结合

美国虽然没有签署《京都议定书》，但在2005～2007年期间，美国先后颁布了《国家能源政策法案》（2005年）、《低碳经济法案》（2007年）和《能源独立与安全法案》（2007年），涉及能源效率、可再生能源、核能、天然气、低碳技术和绿色就业等众多方面，规定了鼓励发展可再生能源和新能源、提高能效等内容。这些政策法案的实施是为了提高新能源的市场竞争力，促进其使用，同时对新能源开发的项目和企业给予减免税、投资补贴、绿色电价等激励政策（张天勇，2011），为新能源的研发和使用降低成本和价格，为低碳经济的发展提供了保障。此外，美国政府高度关注市场机制下温室气体减排的能源有效利用的技术创新，政府制定了低碳技术开发计划，成立专门的国家级低碳经济研究机构，为从事低碳经济的相关机构和企业提供技术指导、研发资金等方面的支持，从国家层面上统一组织协调低碳技术研发和产业化推进工作（孙智君和王文君，2010）。

1.4.4.3 注重提高能源利用效率的政策

近年来，美国对能源安全的重视提升到了前所未有的高度，同时高度重视提高能源利用效率和经济效益对国民经济发展的重要作用，把节能工作始终置于首要的战略性地位，并制定了一系列节能管理政策措施。1998年，公布了《国家能源综合战略》，要求提高能源系统效率，更有效地利用能源资源。2003年出台的《能源部能源战略计划》更是将“提高能源利用率”提升到“能源安全战略”的高度。2005年8月颁布的《国家能源政策法案》，是美国节能政策的一部非常重要的综合大法。该法案提出了工业领域、运输领域、公共和商业/住宅领域的节能政策和措施。另外，美国还设立专门的节能管理机构——美国能源部能效和可再生能源局（EERE），保障公共和私人部门的能源安全、环境质量和经济活力。此外，美国非常重视节能激励政策的制定。例如，联邦能源管理计划协助政府对在联邦设施节能中具有杰出贡献的个人、组织和机构进行认可，认可范围包括能源效率、节水以及采用先进的可再生能源方面，认可后政府将颁发节能奖。节能奖有多种形式，包括节能展示奖、联邦能源和水管理奖、路易斯哈里斯奖以及对节能管理领导能力的总统奖、能源部机构内部的能源部管理奖。

1.5 低碳社会与生态文明

生态文明是人类社会与自然界和谐共处、良性互动、持续发展的一种文明形态，其核心问题是正确处理人与自然的关系，要求尊重自然、顺应自然和保护自然，与自然界和谐相处。生态文明实质上就是要以能源资源、生态环境承载为基础，以自然规律为准则，以可持续发展为目标，建设生产发展、生活富裕和生态良好的文明社会。

生态文明与绿色发展、循环发展、低碳发展、节能减排、环境保护等概念的关系非常紧密。生态文明是一种文明形态，也是一种理念，绿色循环低碳发展是生态文明理念的基本内涵，也是实现生态文明的主要途径。这里的绿色发展从广义上说，涵盖节约、低碳、循环、生态环保、人与自然和谐等内容，从狭义上说，绿色一般表示生态环保的内涵；循环发展就是通过发展循环经济，提高资源利用效率，其基本理念是没有废物，废物是放错地方的资源，实质是解决资源可持续利用和资源消耗引起的环境污染问题；低碳发展就是以低碳排放为特征的发展，主要是通过节约能源，提高能效，发展可再生能源和清洁能源，增加森林碳汇，降低能耗强度、碳强度以及碳排放总量，实质是解决能源可持续问题和能源消费引起的气候变化等环境问题。

十八大报告提出了生态文明建设的三个标志性特征：绿色发展、循环发展和低碳发展，既体现了生态文明建设的基本内涵，也明确了推进生态文明建设的基本途径和方式，这也是加快转变经济发展方式的重点任务和主要内涵，标志着推进绿色循环低碳发展，成为加快生态文明建设的重要抓手和着力点。

1.5.1 生态文明的建设目标

2015 年 4 月，国务院印发了《中共中央国务院关于加快推进生态文明建设的意见》，提出了新形势下生态文明建设的目标：到 2020 年，资源节约型和环境友好型社会建设取得重大进展，主体功能区布局基本形成，经济发展质量和效益显著提高，生态文明主流价值观在全社会得到推行，生态文明建设水平与全面建成小康社会目标相适应。

1）国土空间开发格局进一步优化。经济、人口布局向均衡方向发展，陆海空间开发强度、城市空间规模得到有效控制，城乡结构和空间布局明显优化。

2）资源利用更加高效。单位国内生产总值二氧化碳排放强度比2005年下降40%~45%，能源消耗强度持续下降，资源产出率大幅提高，用水总量力争控制在6700亿立方米以内，万元工业增加值用水量降低到65立方米以下，农田灌溉水有效利用系数提高到0.55以上，非化石能源占一次能源消费比重达到15%左右。

3）生态环境质量总体改善。主要污染物排放总量继续减少，大气环境质量、重点流域和近岸海域水环境质量得到改善，重要江河湖泊水功能区水质达标率提高到80%以上，饮用水安全保障水平持续提升，土壤环境质量总体保持稳定，环境风险得到有效控制。森林覆盖率达到23%以上，草原综合植被覆盖率达到56%，湿地面积不低于8亿亩①，50%以上可治理沙化土地得到治理，自然岸线保有率不低于35%，生物多样性丧失速度得到基本控制，全国生态系统稳定性明显增强。

4）生态文明重大制度基本确立。基本形成源头预防、过程控制、损害赔偿和责任追究的生态文明制度体系，自然资源资产产权和用途管制、生态保护红线、生态保护补偿、生态环境保护管理体制等关键制度建设取得决定性成果。

1.5.2 低碳社会——生态文明的必由之路

低碳社会是一种面向未来的可持续的发展模式，是通向生态文明的必由之路。据中国气象局发布的最新观测结果显示，中国近百年来（1908~2007年）地表平均气温升高了1.1℃，自1986年以来，经历了21个暖冬，2007年是自1951年有系统气象观测以来最暖的一年。近50年来，中国降水分布格局发生了明显变化，西部和华南地区降水增加，而华北和东北大部分地区降水减少。高温、干旱、强降水等极端气候事件的频率和强度有增加的趋势。夏季高温热浪增多，局部地区特别是华北地区干旱加剧，南方地区强降水增多，西部地区发生雪灾的概率增加。近30年来，中国沿海海表温度上升了0.9℃，沿海海平面上升了90毫米。这将会导致（并在一定程度上已经导致

---

① 1亩≈666.67平方米。

了）严重的后果：冰川融化、海平面上升、生态系统退化及自然灾害频发，将极大地危及农业和粮食安全、水资源安全、能源安全、生态安全和公共卫生安全，直接威胁人类的生存和发展。IPCC 第五次评估报告第一工作组报告指出，人类活动（温室气体排放）极可能（extremely likely）是 1951 年以来全球变暖的主要原因。这使得我们不得不重新审视环境承载力，重新考虑自然与人类，发展与环境的关系。大力建设低碳社会，可以使 2020 年单位国内生产总值二氧化碳排放强度比 2005 年下降 40% ~45% 以及更长远的碳减排目标得到实现，使大气中二氧化碳浓度增加势头有所控制，从而使全球气候变暖得以有效地缓解，进而在更大程度上解除生态危机对人类的威胁。另外，建设低碳社会还能够促进我国与国际社会的和谐共存。当前，我国的生产、消费以及流通领域的能源消费处于“高碳消耗”状态。这种“高碳消耗”引发了一系列政治、经济、外交和生态后果。如果不积极采取低碳行动，就可能会遭到发达国家的绿色制裁。由此，中国承受的国际压力越来越大。而建设低碳社会，能够有效地改变我国的“高碳消耗”状态，从而减轻来自国际的各种压力，促进与国际社会的和谐共存。这样，不仅能够通过与国际社会的通力合作为维护生态环境做出贡献，还在一定程度上减少了足以毁灭生态环境的战争的可能性。

建设低碳社会，还能促进我国社会经济的可持续发展。实践证明，谁在环境技术创新中领先，谁就将主宰了绿色发展的潮流。事实上，低碳社会并不意味着高成本，而减少温室气体排放甚至还会帮助节省成本。我国石化能源相对贫乏，建设低碳社会，提高能源效率，能够降低国家经济发展对石化能源的依赖程度。因此，只有建设低碳社会才能从根本上提高我国能源安全的保障能力。由此，建设低碳社会，积极参与全球碳交易市场，不仅是缓解气候变化和应对国际压力之举，更是一种为自身带来丰厚利益、提高国际竞争力的明智抉择。而且，建设低碳社会、开发替代能源，也是全球各个国家可持续发展的必然选择。当前，全球化石能源开采的极限日趋临近。据有关统计，全球石油资源仅够人类再开采 41 年，天然气仅够开采 60 年，煤炭资源仅够开采 100 年。由此，寻找并研发新的替代能源是一项迫在眉睫的任务，关乎地球上每个国家和地区，关乎每一个人。这项任务正是建设低碳社会的一个重大方向之一。通过加强对低碳能源的研发，将有效地减缓经济发展对化石能源的依赖，由此实现当代人与后代人和谐共生的可持续发展。

第 2 章

国内外低碳社会建设实践

2.1 低碳社会建设国家实践

2.1.1 英国低碳社会发展目标

2003 年英国政府发表了题为《我们未来的能源：创建低碳经济》（*Our Energy Future：Creating a Low Carbon Economy*）的能源白皮书，首次提出了“低碳经济”（low carbon economy）概念，引起了国际社会的广泛关注。该白皮书指出，低碳经济是通过更少的自然资源消耗和环境污染，获得更多的经济产出，创造实现更高生活标准和更好生活质量的途径和机会，并为发展、应用和输出先进技术创造新的商机和更多的就业机会。

2007 年 2 月，伦敦市长利文期顿发表了《今天行动，守候将来》（*Action Today to Protect Tomorrow*），计划将二氧化碳减排目标定为在 2025 年降至 1990 年水平的 60%。英国政府承诺加强开发应对气候变化的技术，提升节能水平及提高能源效率等，将英国建设成全球环保技术创新研发中心。表 2-1 为伦敦应对气候变化建设低碳城市的主要手段。

表 2-1　伦敦应对气候变化建设低碳城市的主要手段

重点领域	碳排放比例	实现途径与措施	2025 年减碳目标
存量住宅	40%	绿色家庭计划；顶楼与墙面绝缘改造补贴；家庭节能与循环利用咨询；社会住宅节能改造	770 万吨
存量商业与公共建筑	33%	绿色机构计划；建筑改造伙伴计划；绿色建筑标识体系	700 万吨

续表

重点领域	碳排放比例	实现途径与措施	2025 年减碳目标
新开发项目	—	修正伦敦城市总体规划对新开发项目的要求，特别是：采用分散式能源供应系统；规划中强化对节能的要求；节能建筑和开发项目的示范	100 万吨
能源供应	—	向分散式、可持续的能源供应转型：鼓励垃圾发电及其应用；本地化可再生能源；建设大型可再生能源发电；通过新的规划和政策激励可再生能源发电；鼓励碳储存	720 万吨
地面交通	22%	改变伦敦市民出行方式，对公共交通、步行和自行车系统建设方面的投资；鼓励低碳交通工具和能源；征收交通碳排放费	430 万吨

资料来源：Greater London Authority，2007

此外，英国的低碳社会建设规划提出以下减排目标：①英国政府承诺2020年全英国二氧化碳排放量在1990年的水平上降低26%~32%，2050年降低60%。各种措施的制定、实施和评估都是以碳排放减少量来衡量。其中，伦敦市行动计划明确提出2007~2025年要将碳排放量控制在6亿吨之内，平均每年的碳排放量降低4%。②以推广可再生能源应用、提高能效和控制能源需求作为低碳社会建设的主要实现途径。例如，布里斯托市的《气候保护与可持续能源战略行动计划2004》提出，控制碳排放的重点在于减少不必要的能源需求、提高能源利用效率及应用可再生能源等。③建筑和交通是低碳社会规划的关键重点。例如，2000年，布里斯托市建筑和交通碳排放量之和超过全部碳排放量的70%，伦敦市建筑和交通碳排放量之和也达到全部碳排放量的50%以上。④低碳城市建设要注重技术、政策和公共治理手段并重。在推广新技术、新产品应用的同时，构建鼓励低碳消费的城市规划、政策和管理体系。特别是，政府应发挥引导和示范作用，并鼓励企业和市民的参与，综合运用财政投入、宣传激励和规划建设等手段，鼓励企业和市民的参与；并结合城市实际情况，通过重点工程带动低碳城市的全面建设。例如，英国碳信托基金会与143个地方政府合作制定地方政府碳管理计划，旨在控制和减少地方政府部门和公共基础设施的碳排放。

2.1.2 日本的低碳社会规划

自从英国提出“低碳经济”概念以来，向低碳经济转型已成为世界经济发展的大趋势。但能源节约基金会（Energy Saving Trust，EST）① 认为，没有“低碳社会”就无法发展“低碳经济”。如果没有消费者的觉悟、支持和行动，政府将很难发布力度很大的气候变化目标。日本环境大臣咨询机构——中央环境审议会提出，低碳社会的基本理念是争取将温室气体排放量控制在能被自然吸收的范围之内，为此需要摆脱以往大量生产、大量消费又大量废弃的社会经济运行模式。日本政府与学者从 2004 年开始对低碳社会模式与途径进行研究，并于 2007 年 2 月颁布了《日本低碳社会模式及其可行性研究》（*Japan Scenarios Towards Low-Carbon Society*）②，以日本 2050 年二氧化碳排放量在 1990 年的水平上降低 70% 为目标，提出了可供选择的低碳社会模式；并在 2008 年 5 月进一步提出《低碳社会规划行动方案》（*A Dozen Actions Towards Low-Carbon Societies*）③。日本低碳社会遵循三个基本原则：①在所有部门减少碳排放；②提倡节俭精神，通过更简单的生活方式达到高质量的生活，从高消费社会向高质量社会转变；③与大自然和谐生存，保持和维护自然环境成为人类社会的本质追求。

2008 年 6 月，日本首相福田康夫提出日本新的防止全球气候变暖对策，即“福田蓝图”。“福田蓝图”指出，日本温室气体减排的长期目标是：到 2050 年日本的温室气体排放量比目前减少 60%~80%。2008 年 7 月 29 日的内阁会议通过了依据“福田蓝图”制定的“低碳社会行动计划”，提出了数字目标、具体措施以及行动日程（表 2-2、图 2-1）。

表 2-2　日本低碳社会建设政策体系

政策类型	具体政策
低碳能源政策	可再生能源政策、节能政策、能源技术政策
环境税收政策	环境税：购置低污染车可享受车辆购置税的减税，优先并延长减税车辆汽车税的减免年限；延长低污染车燃料供给设备固定资产税的优惠措施；根据污染防治设备特别折旧制度，对其进行重新评估并延长特别折旧年限
低碳技术政策	碳减排技术研发、应用和转让政策，碳封存技术政策，低碳技术标准；对现有能源技术的改造，包括太阳能、风能、水力发电、生物质能、海洋温差、潮汐海浪、燃料电池等新能源技术及其电力转换技术；能源效率技术；碳捕获技术

① http：//www. energysavingtrust. org. uk/。

② http：//i. unu. edu/media/ourworld. unu. edu-en/article/2/20070215_report_e. pdf。

③ http：//2050. nies. go. jp/press/080522/file/20080522_report_main. pdf。

续表

政策类型	具体政策
绿色投融资政策	日本政策投资银行将环境友好型经营促进事业作为投融资项目，实施采用环保手段的低利息融资政策
低碳产业政策	推进新交通管理系统政策；以政府行为推广远程办公；推广“生态铁路标志”认证制度的绿色物流
绿色消费政策	推广绿色采购，建立“绿色采购事例数据库”；使用环境标志来认证生态标志产品

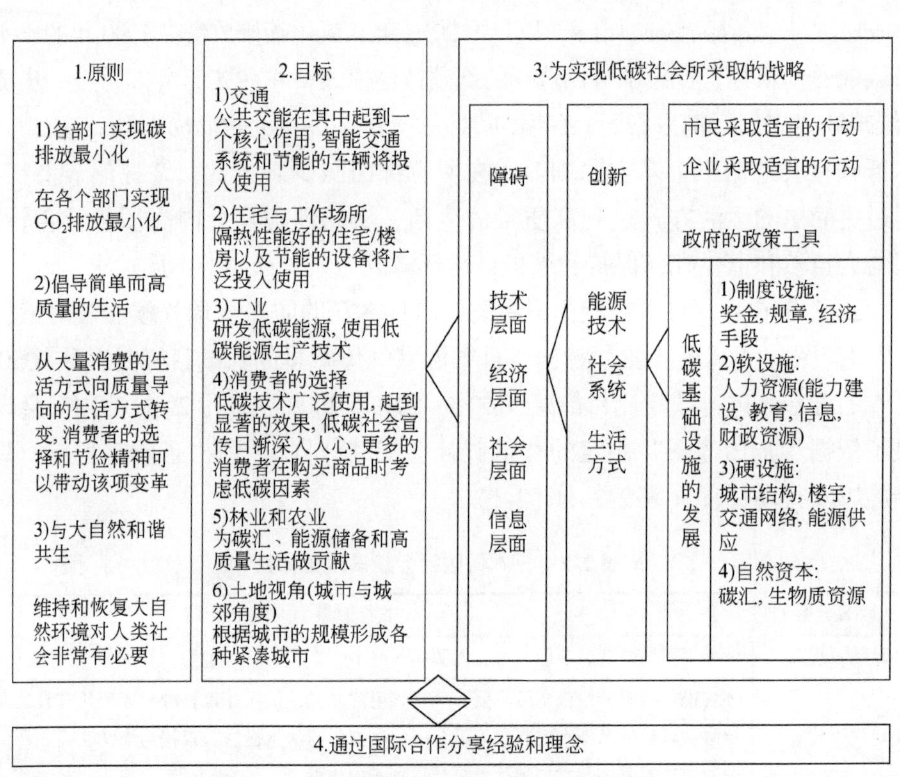

图 2-1　日本低碳社会规划体系（刘志林等，2009）

2.1.3　欧盟低碳经济发展的目标

2010 年 6 月 17 日，欧盟夏季首脑会议正式通过了“欧洲 2020 战略：实现智能、可持续性和包容性增长”。这是欧盟委员会为欧洲未来十年（2010～2020 年）描绘的一幅宏伟蓝图，也是继 2005 年推出“里斯本新战略”后，对欧盟经济发展战略中未能实现或不切实际的目标所做的调整（陈俊荣，

2011)。该战略提出了欧洲经济未来发展的三大核心目标（智能增长、可持续增长、包容性增长）、五大量化指标和七大创议，以推进和加快欧盟结构改革，实现经济的绿色和可持续增长。

为实现三大核心目标，欧盟委员会还提出了五大量化指标：第一，争取将20~64岁年龄段人群的就业率从现在的69%提高到75%，并提高妇女、年长者的就业率，更好地吸纳移民进入欧盟的劳动力市场；第二，将欧盟的研发投入增加到GDP的3%，尤其要提高私营部门的研发投入，创建一项能够反映创新和研发集中度的新指标；第三，将温室气体排放在1990年的基础上削减20%，将可再生能源使用比例提高至20%，将能效提高20%；第四，将未能完成基础教育的学生人数比例从现在的15%降至10%以下，使30~34岁年龄段受过高等教育的人口比例从现在的31%至少提高到40%；第五，根据各成员国贫困标准将欧盟总贫困人口削减25%，到2020年减少贫困人口2000万人。

以欧盟于2007年提出的《2020年气候与能源框架》和2011年提出的《2050年发展有竞争力的低碳经济路线图》《2050年能源路线图》等相关文件为基础，欧盟委员会2013年3月发起关于《2030年气候与能源政策框架》的公众协商，该框架体现了欧盟2050年温室气体排放目标，旨在进一步推进欧盟的低碳经济发展、实现绿色增长来增强自身竞争力，同时通过减少化石能源进口依赖来保证欧盟的能源安全。2014年1月，欧洲理事会宣布通过欧盟委员会提出的《2030年气候与能源政策框架》。《2030年气候与能源政策框架》提出2050年碳排放量在1990年的基础上降低80%~95%的目标，其中80%将通过家庭减排和清洁发展机制等体系实现。

2.1.4 美国低碳发展目标

在气候变化问题上，奥巴马提出美国应减少80%的温室气体排放，并建立“清洁能源研究和发展基金”，加快新能源发展，推动经济转型进入新的阶段。早在2007年金融危机之前，美国经济就呈高度虚拟化，表现在传统制造业外移，产业空心化，金融资本高度发达；而经济增长的同时并没有带动就业和普通居民收入的同比增长（Aldy et al.，2010）。金融危机爆发后，美国也意识这种发展道路不可行，于是重新定位回归到重视工业、重视出口，这样才能带动就业，重拾美国的竞争力。然而要回归传统的制造业，美国决心要在新兴产业中突围，瞄准发展低碳经济方向。为了走出金融危机所带来的阴影以及寻求可能的新经济增长点，奥巴马政府将应对气候变化和研发清洁能源置于优先位置，希望通过低碳经济拉动经济复苏并使其成为新的经济增长点（Lenton et al.，2008）。

特朗普政府执政后，采取了一系列影响气候变化和能源的政策（表2-3），包括车辆燃油效率标准、甲烷泄漏限制、地下水保护和清洁能源计划等。特朗普政府还提出对美国国家环境保护署（EPA）进行前所未有的预算削减（削减3200个工作岗位），并终止气候变化研究和国际项目。这些政策进一步加剧了美国对化石燃料的依赖，阻碍了应对气候变化和发展清洁能源的进展。

表2-3　特朗普政府2017年以来采取的气候和清洁能源政策

时间	政策
1月20日	特朗普宣布放宽能源监管，包括废除气候变化行动计划
2月8日	在特朗普的要求下，美国陆军工程兵团授予达科他输油管道地役权
2月14日	国会废除证券交易委员会（SEC）制定的石油和天然气业《反腐规定》（*Anti-Bribery Rule*）
2月16日	国会废除限制煤炭开采、旨在保护水资源的《溪流保护条例》（*Stream Protection Rule*）
3月2日	美国国家环境保护署（EPA）撤销石油和天然气甲烷排放信息要求
3月15日	EPA和美国国家公路交通安全管理局（NHTSA）宣布重新审查2022～2025年车型的温室气体标准
3月16日	特朗普预算削减：①EPA 31%的预算经费；②美国能源部（DOE）效率和技术项目；③对联合国气候项目的资助；④美国国家海洋和大气管理局（NOAA）气候准备资金
3月24日	在特朗普的要求下，国务院批准Keystone XL输油管道项目
3月27日	国会废除土地管理局（BLM）计划规则
3月28日	特朗普签署能源独立行政命令：①撤销联邦部门关于考虑气候变化影响的指导意见；②解散碳社会成本工作组，撤销对碳社会成本的评估；③撤销气候恢复力行政命令；④命令审查清洁能源计划；⑤命令审查新建和改建化石燃料发电厂的碳规则；⑥命令撤销限制公共土地上煤炭租赁的规定；⑦命令审查公共土地上化石燃料生产的规定；⑧命令审查新建和改建石油及天然气系统的甲烷排放限制
4月11日	法院批准EPA要求延迟执行臭氧标准的申请
4月18日	EPA试图延迟汞和空气有毒物质标准
4月28日	特朗普签署美国离岸能源战略的总统行政命令，扩大美国离岸能源开采范围

2.1.5 韩国的低碳绿色增长

2008年9月，韩国政府出台了《低碳绿色增长战略》，为韩国未来经济发展指明了方向。该战略提出要提高能效和降低能源消耗量，应从能耗大的制造经济向服务经济转变，到2030年，韩国经济的能源强度要比目前降低46%；另外，要增加清洁能源的供应并降低化石燃料的消耗。实现低碳绿色增长战略的基础是改善能源结构。韩国为了满足日益增长的电力需求，将在电力产业投资37万亿韩元，预计在2009～2022年，将新能源的发电量扩至3237万千瓦·时。这个项目囊括12个核电站、7个煤电厂和11个天然气发电厂。韩国国家能源委员会审议通过了“第一阶段国家能源基本计划（2008～2030年）”，提出要努力减少石油、煤炭等燃料在整个能源结构中所占的比重，大幅提高新能源和再生能源所占的比重。到2030年，化石燃料将从目前占能源消耗总量的83%降低到只占61%，而可再生能源的用量将从目前的2.4%增加到11%，核能的用量将从目前的14.9%提高到27.8%。就可再生能源产业而言，政府希望2030年太阳能光伏发电量达到2007年水平的44倍，风能利用量增长36倍，生物燃料增长18倍，地热能增长50倍。韩国政府和企业将在2030年前投入11.5万亿韩元（约合87.4亿美元）用于绿色技术研发；确保公民能够用得起能源，使低收入家庭的能源开支不超过其总收入的10%。

2009年1月6日，韩国通过了政府提出的“绿色工程”计划。该计划将在未来4年内投资50万亿韩元（约380亿美元）开发36个生态工程，并可提供大约96万个工作岗位，用以拉动国内经济，为韩国未来的发展提供新的增长动力。这一庞大计划被称为“绿色新政”。其主要内容为：基础设施建设、低碳技术开发和创建绿色生活工作环境。具体来说为：治理四大江河、建设绿色交通系统、普及绿色汽车和绿色能源；扩增替代水源以及建设中小规模的环保型水坝等。

2010年4月14日，韩国政府公布了《低碳绿色增长基本法》，主要内容是在2020年以前，将温室气体排放量减少到“温室气体排放预计量（BAU）”的30%。韩国构筑的绿色增长基本框架，今后将依法全面推行低碳绿色增长计划。此举阐明了韩国建立绿色环境的坚决意愿，为韩国成为国际社会主要的绿色国家奠定了基础。《低碳绿色增长基本法》的主要内容包括制定绿色增长国家战略、绿色经济产业、气候变化、能源等项目以及各机构和各单位具体的实行计划。此外，还包括实行气候变化和能源目标管理制度、设定温室气体中长期的减排目标、构筑温室气体综合信息管理体制以及建立低碳交通体系等有关内容。

按照韩国政府的规划，到 2012 年，韩国研发支出占 GDP 的比例要从 2008 年的 3.23% 增至 5%（政府研发投入占 1.25%，民间研发投入占 3.75%），政府研发支出从 2008 年的 10.8 万亿韩元增至 2012 年的 16.2 万亿韩元。此外，加大对民间研发的资金支持力度，出台研发优惠税制，放宽企业研究相关规定，如将研发设备投资税收抵扣从 7% 增至 10% 等。近年来，纳米技术、生物技术等前沿技术及其融合技术作为各国科技研发的重点，受到各国政府的重视和大力支持。韩国国家科学技术委员会通过了《国家融合发展基本计划（2009—2013）》，对融合技术（纳米技术、生物技术、信息技术和认知科学四种科学有机结合的技术）的研发及产业化发展作出系统规划，主要内容包括：加强创意性融合技术研究，加强创意性研究人才的培养，发掘新的融合性技术产业，依靠融合技术提升现有产业水平，创建高附加值产业，增加就业机会，完善政府法规，成立尖端、融合、复合型技术发展促进委员会，建立部门间合作协调机制。

2.2 低碳社会建设城市实践

低碳城市是一个综合系统，其建设将涵盖技术、生产生活方式以及城市规划、政策制度等各方面的革新。

各国低碳城市发展的成功案例表明，由于先决条件（如自然）、发展基础（社会、经济）、治理方式与模型（领导角色与能力）等的不同，不同的低碳城市建设方式及低碳城市运行系统都会呈现不同特征，最终形成各具特色但卓有成效的低碳发展模式。基于此，《国际城市观察》推出低碳城市建设研究系列，包括伦敦、东京、哥本哈根、波特兰和慕尼黑 5 个城市，以求更全面了解国际城市推进低碳城市建设的制度与技术安排。

2.2.1 推行碳中和的哥本哈根

城市作为低碳经济推动和政策解决方案执行的基本单元，建设城市将是发展低碳经济的重要途径。哥本哈根作为建设低碳城市的典范，在绿色能源战略、制定碳中和目标、降低建筑能耗、倡导低碳出行、推进低碳技术研发推广和非政府组织大力推动等方面积累了宝贵经验，对我国具有重要启示意义。

2.2.1.1 实行绿色能源战略

20 世纪 70 年代初，丹麦石油供给中 90% 的石油依赖进口，给能源安全留下巨大的潜在威胁。1973 年，第一次石油危机爆发，丹麦能源安全和供给问题凸显。为此，丹麦政府将能源安全置于国家经济发展的特殊地位，并于 1976 年建立丹麦能源署，统筹制定能源发展战略并组织监督实施。随后，能源署的职能逐渐涵盖能源生产、供应、分销和节能，近年来更是在绿色能源和碳减排方面发挥着越来越大的作用。

在第一次石油危机之后，丹麦采取了一系列措施促进绿色能源尤其是风能的发展。1975 年，丹麦技术科学研究院（ATV）委员会公布了一个报告，提出发展风能的计划；1977 年，关于大规模风力漩涡机及电力生产的风能计划开始实施，该计划由丹麦政府和公共事业部联合支持，标志着丹麦风能利用现代化的开始。从 1990 年开始，丹麦的能源政策致力于实现可持续能源发展和温室气体减排。对于可持续能源，在 1990 年和 1996 年的能源计划中，提出到 2005 年和 2030 年风力发电机装机容量分别达到 1500 兆瓦和 5500 兆瓦，而在 2001 年风力发电机装机容量就已达到 2400 兆瓦，大大超出了原定计划，其风力发电机已占当时丹麦电力总量的 13%。经过几十年的发展，丹麦的风电技术已经处于全球领先水平，风力涡轮机产品的世界市场占有率达 40%。同时，丹麦还加大对沼气、太阳能等的支持，不断加大新技术的研发运用。到 2009 年，丹麦的可再生能源已经超过能源消费总量的 19%。依托于丹麦风能、生物质能源等可再生能源发电，哥本哈根市的电力大部分依靠零碳模式，在电力基础上实行热电联产，进行区域性供热。同时，还采取高税能源使用政策，当前每千瓦电支付的税额高达 57%，因此，如果不采用节能方式，用户则将付出高额的代价。绿色能源战略的实施为哥本哈根低碳城市建设，从碳排放的源头提供了基础。

2.2.1.2 实现碳中和目标

哥本哈根的低碳经济政策被公认为世界领先，并明确了成为城市环境计划世界领先地区的目标，优先考虑城市的绿色增长，实现城市经济发展与环境改善的耦合。2012 年，哥本哈根提出碳中和（carbon neutral）的目标：实现到 2025 年建立世界上第一个碳中和的首都城市。为实现碳中和目标，哥本哈根提出到 2020 年减少 40% 的碳排放量（以 1990 年为基期年），到 2035 年实现所有的电力和热能均不再使用化石能源。为此，哥本哈根制定了一个碳中和路线图，计划在现有的减排基础上实现额外的减排。2011 年，哥本哈根碳排放为 190 万吨，计划到 2025 年减少至 120 万吨。而 2012 年通过的《气候规划》则进一步引入了新的措施和目标，即净碳排放量减少到零，并将碳排放份额分配到了各个部门。其中，74% 为能源生产部门，7% 为能源消耗部门，11% 为交通部门，6% 为新举措，2% 为市政部门。在能源生产领域，哥本哈根旨在通过从化石燃料转向生物质能源，建立起城市的热电联供网络，这将占能源生产碳减排的 43%；还大力发展海洋和陆地风力发电，这将占到能源生产碳减排的 42%；同时，还包括分离塑料废弃物焚烧（占 12%）和生物质峰值发电（占 3%）。在能源消耗领域，则包括商业建筑能耗减少（占 67%）、住宅建筑能耗减少（12%）和提高太阳能电池板使用（占 21%）。在交通运输方面，哥本哈根计划减少 13.5 万吨碳排放，直接及安排计划通过四个途径来实现，即增加自行车数量（占交通部门的 30%）、增加智能移动（即智能交通等，占 30%）、提高公共交通（占 22%）及汽车燃料替换（占 18%）。

2.2.1.3 降低建筑能源消耗

建筑能耗超越交通部门和工业部门能耗成为哥本哈根能耗的第一大户，也是能源消费领域的主要减排途径，提高建筑节能在哥本哈根建设低碳城市中有着举足轻重的意义。哥本哈根采取了一系列举措降低建筑能耗。20 世纪 70 年代中后期，丹麦分别颁布了《供电法案》和《供热法案》；80 年代推出《住房节能法案》；2000 年又推出《能源节约法》，要求到 2025 年能耗水平保持在目前的状态。

在 20 世纪 70 年代以前，能源法规对建筑能耗并未作出太多规定，而从 20 世纪 70 年代后期开始，为降低建筑能耗，丹麦出台了一系列建筑立法。根据丹麦出台的相关法规，哥本哈根于 1985 年规定要根据能源结构对建筑的能源需求进行计算，而能源计算标准也在随后不断进行了调整。这些规定，在保证居住舒适的前提下有效地降低了能耗水平。具体措施包括：通过选择合理的建筑朝向和遮阳方式等途径来加强建筑保温；充分利用自然通风实现建筑降温；充分利用建筑热回收系统；通过地下水、室外空气和海水对建筑降温；增加建筑透光性，解决建筑照明要求等。除这种些动式节能方法之外，哥本哈根还采取一系列主动式节能方法，如发展以热电为核心的建筑节能技术，通过发展分布式能源技术，大量采用沼气、热泵和太阳能等可再生能源技术进行集中供热，鼓励使用节能电器等。

2.2.1.4 倡导低碳出行方式

哥本哈根城市绿色交通包括电动车、氢动力车和自行车等，最为著名的是，哥本哈根是国际自行车联盟推选的世界首个“自行车之城”，其自行车拥有量超过城市总人口，36%的市民依靠自行车通勤，每年节省的二氧化碳排放达9万吨。哥本哈根尽管是欧洲人均收入最高的城市之一，但2010年居民小汽车拥有率仅为22.3%，而丹麦全国和周围国家的平均水平分别约为38.6%和49.5%。

20世纪70年代以来，哥本哈根市通过推出一系列促进自行车交通的政策，成功实现了自行车数量“V”形增长；1980年，哥本哈根市政府通过了第一个自行车网络规划；1997年出台了《交通与环境规划》，明确了抑制小汽车增长，大力发展自行车和公共交通的总体目标；2000年又分别出台了《城市交通改善计划》《自行车道优先计划》等。2007年，哥本哈根市政府在《生态都市》远景纲领中，正式提出将哥本哈根建成“世界自行车最佳城市”，到2015年全市自行车通勤率达到50%，而《气候规划》也将发展自行车作为交通领域碳减排的重点。2001年，政府还出台了《自行车绿道计划》，规划建设22条全长110公里的自行车绿道网。

2.2.2 制度与技术协同创新的伦敦

在推动低碳经济转型的进程中，各国都将低碳城市作为遏制全球增温的首要选择。伦敦的低碳城市建设的成功经验及模式特点，认为其在完善的低碳制度框架与创新的管理与服务制度上独具特色。同时针对低碳制度框架建设、低碳技术开发和低碳管理创新等方面，积累了城市低碳发展的经验。

2.2.2.1 低碳发展模式创新

(1) 合作模式创新

英国是最早提出“低碳”概念并积极倡导低碳经济的国家，伦敦则在英国低碳城市建设方面起到了领跑者的作用。基于《伦敦能源策略》及《伦敦规划》，2007 年，伦敦颁布了《气候变化行动纲要》，设定了城市减碳目标和具体实施计划，以 1990 年为基准，到 2025 年要实现减排 60%。伦敦低碳行动一方面得益于建立在英国特色的气候变化税收制度、碳基金、气候变化协议和排放贸易机制等国家政策在地方尺度的推广与应用；另一方面地方政府在低碳治理方面也表现出出色的能力，将促进者、提供者及消费者融为一体，集中体现为各个领域提供低碳服务、管理与制度创新。在低碳发展建设过程中，侧重产业发展，以企业为主要政策实施对象，制定行业低碳标准，政府进行监督管理，投入运作资金，提供优良服务。同时政府积极与企业、国际组织合作，共同推动低碳技术广泛使用、低碳社区创新示范等。

（2）政策机制创新

2004 年气候变化被正式纳入《伦敦能源策略》中，明确了发展新的清洁技术实现可持续发展能源的框架，制定降低能源消耗和碳排放目标，广泛认识与更好理解气候变化而建立合作关系的必要性，以及在伦敦实施低碳方案时如何克服机制及市场障碍。这一战略促成了《伦敦能源、氢与气候变化合作伙伴关系》的诞生，以及伦敦气候变化署——一个负责落实市长在气候变化方面的政策和战略的市政府直属官方机构的成立。为达成 2025 年相对于 1990 年减排 60% 的目标，伦敦市政府启动了一系列气候变化减缓政策和能源政策，包括《伦敦规划》（修订）、《今天行动，守候未来》——伦敦市长能源战略和应对气候变化行动方案。经过多次调整及政策演变，2010 年形成了大伦敦市应对气候变化的新战略——《气候变化减缓和能源战略》。

2.2.2.2　制度与管理创新

（1）绿色建筑标准与评估规范

2007 年英国皇家环境污染委员会（RCEP）提出的“低碳城市”中要求英国所有建筑物在 2016 年实现零排放。同年 4 月英国政府颁布了《可持续住宅标准》，对住宅建设和设计提出了可持续的节能环保新规范。在具体操作层面，伦敦市政府宣布对所有房屋节能程度进行“绿色评级分”，从最优到最差设 A 级至 G 级 7 个等级，并颁发相应的节能等级证书。被评为 F 级或 G 级住房的购买者，可由政府设立的“绿色家庭服务中心”帮助采取改进能源效率措施，而这类服务或是免费或有优惠。此外，为了适应城市未来更炎热的天气，伦敦市政府设计出减少水消耗的建筑，还通过使用商业模型，创立成本中立（cost neutral）的方法来升级建筑物能源有效利用，支持“建筑能源有效利用工程”。同时，伦敦市政府还严格执行绿色政府采购政策，采用低碳技术和服务，改善市政府建筑物的能源效益，鼓励公务员养成节能习惯。

（2）低碳交通运行与管理制度

在英国政府1998年发表的交通运输政策白皮书（*A New Deal for Transport: Better for Everyone*）的指引下，2005年发表的《伦敦市长交通战略》提出以运输运量、提高可靠性和运输效率、促进经济社会发展及改善环境为重点，并设定2001～2010年，将增加40%的公共交通（包括轨道交通及巴士系统）运量、减少伦敦中心区15%的交通量。该政策还提出在伦敦中心区实施“道路拥挤收费”来抑制私人汽车，以提高公共交通服务品质及私人交通工具使用的合理费用，同时推动绿色交通的大力发展。此外，伦敦市政府在2006年制定了一个20年交通发展计划（*Transport 2025-Transport Vision for Growing City*，T2025）。T2025的前景是要创造一个世界级的交通系统，保证人与物的安全、可靠和高效的活动，促进伦敦经济发展、环境改善及扩大社会服务面。图2-2为T2025的主要内容。

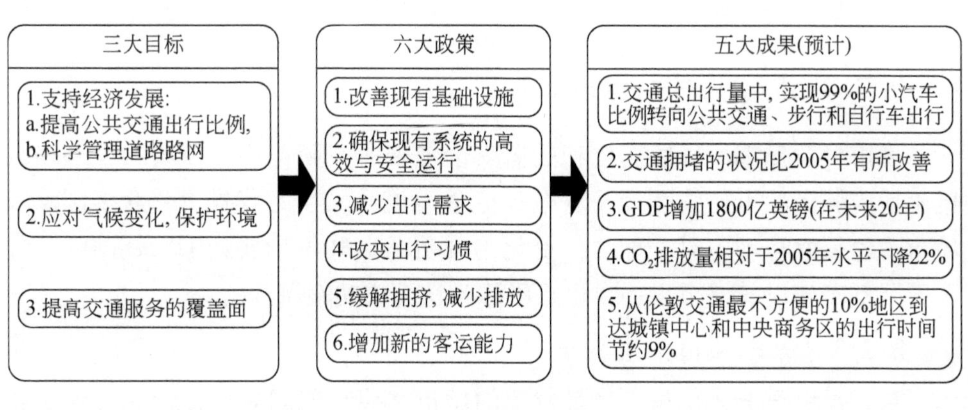

图2-2　T2025的主要内容

2.2.2.3　绿色服务体系创新

（1）低碳金融服务

随着低碳经济与碳税体系与碳交易市场的建立，伦敦成为全球真正意义上的碳交易市场。伦敦政府通过国内外多种融资方式向新兴、高成长型的低碳企业提供进入低碳经济的通道，为机构投资者提供进入低碳企业的投资渠道，为从事早期风险投资的投资者提供退出的通道，为低碳技术商业化提供碳金融等服务平台，从而提升伦敦低碳金融服务行业的赢利水平。伦敦目前拥有超过全球碳市场交易平台的75%，有着全球CDM购买排名前20的高质量企业，以及80%的碳市场房屋经纪业务的公司。安永（Ernst & Young）2008年的研究发现，伦敦的银行累计向全球低碳项目和相关公司投资超过190亿英镑基金。全英国34家累计投资1860万英镑支持清洁技术公司的风投基金中有90%来源于伦敦。

(2) 绿色家庭服务

伦敦市政府不仅重视企业低碳化发展，以家庭为单位的全民低碳化也是关注重点。政府推行"绿色家庭计划"，通过与房地产商、抵押贷款方、房东、居民委员会及建材零售商和批发商等各方全力合作，推动市民节能减排行动的顺利实施。为此，市政府通过多种渠道（如节能信托基金会能效咨询中心、私营组织和志愿者组织、官方网站的公众反馈意见箱等）为市民提供家庭节能咨询服务，优先支持使用可再生能源。政府还为家庭提供二氧化碳计算器，测算个人、家庭、电器及个人旅行方面的二氧化碳排放量，并根据不同情况提供减排建议。

2.2.3 侧重项目引导的东京

城市日益暴露于气候变化和能源安全带来的威胁当中，传统的发展模式已不适应城市的可持续发展及其全球竞争力提升。在此背景下，众多国家及城市纷纷采取行动应对全球气候变化与减缓温室气体排放。东京是国际上较早开展低碳建设的城市之一，也是国际公认的成功案例。

2.2.3.1 以项目治理为核心

东京是世界上人口与经济最密集的城市之一，但同时也是世界环境负担最低的城市之一。20世纪90年代，东京就已经启动对城市环境的总体治理，并持续不断完善城市环境政策与措施。随着日本"低碳社会"发展战略的确立，东京都政府切实开展地方性的低碳建设创新与实践。2007年6月，东京政府通过了《东京气候变化战略——低碳东京十年计划的基本政策》，启动一系列重大减排政策与措施，以实现在2000年的基础上，到2020年减排达到25%的战略目标。2008年重新制定了东京都环境基本计划。2010年9月，东京都（Tokyo Metropolitan）政府公开发布《东京气候变化战略：进展与展望》，为未来5～10年的发展确定新的目标与措施。从东京低碳发展各项政策及行动可以看出，其低碳发展成效得益于在地方政府指导下，以能耗问题为导向，创新开发各种低碳项目，建立相应的低碳管理机构并制定相应的监管制度，形成以项目治理为核心的低碳城市发展模式与建设路径。政府针对城市的重点减碳领域，设计绿色、低碳创新项目，制定相关强制或引导性的制度及方案，积极引导或鼓励企业、非营利组织机构和公众参与。东京政府不仅促进都市圈内各城市间的低碳经济建设与合作，同时还强调通过地方政府来开展广泛的国际合作，使东京在新国际竞争中占据有利地位，提升了城市国际形象。

2.2.3.2　政策机制创新

(1) 碳总量控制与排放交易体系

东京是全球第一个建立与推行城市碳总量控制与排放交易体系的地区。与2005年欧盟发布的温室气体排放交易制度，2009年美国东北部十州联合发布的地区温室气体排放动议相比，其主要特点是，在地区范围内有针对性地涵盖大排放级别的工商业机构（办公建筑和工厂），并从政策层面上对减排的具体目标（图2-3）做出了强制性规定，同时进一步细化到各实施阶段，通过引入市场机制，设定排放权贸易。该交易体系共涉及1400个场所（1100

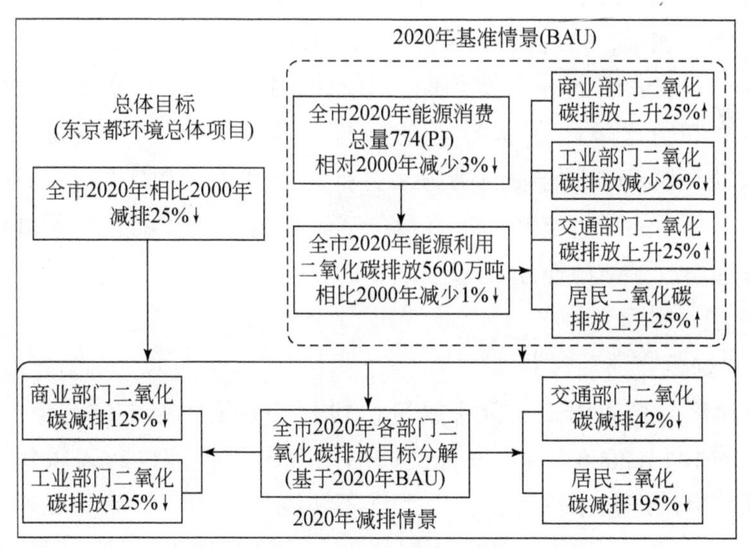

图2-3　东京各部门二氧化碳减排目标

资料来源：《东京气候变化战略：进展与展望》

个商业设施和300个工厂），以二氧化碳间接排放（电力和供暖）为控制和交易对象，具体包括强制大型企业机构减少碳排放量，设定排放权贸易；要求中小型企业报告应对全球变暖的措施；增强一系列城市环境规划等。在日本国内，这些措施与政策都是低碳政策创新的表现，其中部分甚至处于全球领先地位。

（2）低碳国际合作与共享政策

东京政府的低碳创新政策吸引了国际社会的广泛兴趣，不断收到伦敦、巴黎、悉尼、首尔市政府及欧盟、世界银行、研究机构参加国际会议的邀请。在2010年4月东京碳排放总量控制与碳排放贸易发布之前，国际媒体就已有“东京倡议，日本模式”和“碳排放总量控制与排放交易，东京震撼全国”的报道。东京气候变化战略的全球推广，有助于推进全球气候变化的应对措施，提升东京的全球影响力及国际形象。

2.2.3.3　绿色治理项目

（1）“绿色建筑”项目

2002年，东京都政府出台“绿色建筑计划”，要求区内大型新建筑进行强制性环境绩效评估并在网上进行公布。基于该计划，东京推动“绿色标识”管理，通过“绿色标识”评估公寓环境效能。此外，政府采用“楼面开发利用奖金”政策，针对大型楼宇，从能源效率与环境措施角度，使用高额奖金，寻找与表彰楼面开发使用的“顶级选手”（强调更有效的建筑与技术）。这种市场竞争机制引导下的减排效果相比日本《能源利用法案》（*Energy Use Action*）中的强制措施，更有效地推进了楼宇能源的高效使用，同时创建出更多的绿色空间。东京绿色建筑项目中2/3的目标是政府大楼其热性能远远超过了能源使用效率法案中的标准，而且公寓建筑的保温性能也稳步提升。

（2）“绿色交通”项目

东京地区与交通相关的碳排放量达到14.96百万吨（2005年），占东京总排放量的1/4（2005年）。围绕交通部门自愿与可持续的二氧化碳减排目标，东京政府推进新型汽车，如电力汽车和混合动力车；启动运输企业的环保驾驶（eco-drive）项目，提倡环保驾驶，杜绝突然加减速、飙车行为及发动机长时间空转。环保驾驶被编入驾驶员培训教材，力图从一开始就培养驾驶员的良好开车习惯。此外，政府建立评估环保驾驶和运输公司其他措施的评估体系，建立评价燃油效率的目标“标杆”。

2.2.3.4　低碳合作项目

（1）低碳商业合作项目

《东京气候变化战略》政策实施过程中已经不断刺激出对高节能产品和可再生能源的需求。东京都政府召集设备制造商、建筑商、能源合同商和金融机构共同推进在扩展太阳能使用方面的合作，并发布安装太阳能补贴的新方案。截至2009年底，参与这一商业合作项目的企业与组织达250个。通过与公司及各商业实体的合作，结合各市区的不同补贴政策，东京太阳能发电装置安装比日本全国平均水平高出4倍。同时，东京政府确立了太阳能加热设备保温性能认证及绿色加热认证体系等。为推进太阳能措施，天然气承包商创建了太阳能使用与促进论坛，导致了新的商业模式的开发。为促进可再生能源的利用，东京与青森县于2009年12月签署了区域合作协议，开启了创新企业使用能源转移合同的新途径。与青森县风电厂合作开发“绿色生活电力”，在东京核心区的大型商业建筑启动了“绿色PPS”（PPS，即电力生产与供应者）的电力合同项目。东京气候变化战略也建立了刺激经济的新模式，包括为帮助中小型企业能源利用效率的排放减量信贷。

（2）低碳政府合作项目

东京政府通过低碳政府项目的实施，政策措施框架得到进一步强化，其中包括大东京都市圈合作治理结构、市区合作、建立应对气候变化行动的东京都中心等。

1）《东京减碳十年项目》。为实现地区2020年减碳目标，成立由东京副市长领导的“促进东京减碳10年”委员会，2007年推出碳减东京项目。

2）东京大都市圈内各市区共同合作计划。2009年，为有效推进气候变化战略，设立了新东京都政府市政资助计划，促进东京与东京都市圈内所有地区进行广泛合作，并引领市、区地方性举措的创新。该计划包括各种项目建议书，覆盖区或市建立领先工程项目。东京提供包括这一项目总共36个组织机构的财政支持。

3）成立东京都中心。2008年4月1日，东京设立了应对气候变化行动的专门机构——东京都中心，以作为支持市民、中小型企业应对气候变化战略的基础。

2.2.4 以规划推动低碳城市建设的纽约

2001 年，纽约市提出了“规划纽约 2030”计划，旨在减少温室气体排放、改善城市基础设施和环境状况。该计划同时关注了气候变化减缓和适应以及绿色增长等多方面问题，是纽约市迈向可持续未来的核心战略计划（表 2-4）。2002 年，纽约市加入了国际地方政府环境行动理事会（ICLEI）的城市气候保护行动；2006 年又成立了长期规划和可持续发展市长办公室（OLTPS），负责“规划纽约 2030”计划的更新和发展。2007 年，新一轮“规划纽约 2030”计划出台，并于 2011 年进行了修编，突出了“更绿色，更美好的纽约”主题。

表 2-4 “规划纽约 2030”中有关低碳城市发展的主要举措

<table>
<tr><th colspan="3">政策</th><th>举措</th></tr>
<tr><td rowspan="19">水</td><td rowspan="10">水质</td><td rowspan="2">政策 1：继续实行基础设施升级改造</td><td>举措 1：制定并实施长期控制性规划（LTCP）</td></tr>
<tr><td>举措 2：扩大污水处理厂雨天的处理能力</td></tr>
<tr><td rowspan="3">政策 2：寻求防止雨洪进入处理系统的成熟的解决方案</td><td>举措 1：增加高水位雨洪排水管（HLSS）的使用</td></tr>
<tr><td>举措 2：扩大城市内绿色可渗透表面面积以减少雨水径流</td></tr>
<tr><td>举措 3：推广蓝带计划</td></tr>
<tr><td rowspan="5">政策 3：大范围推广、跟踪和分析新型最佳管理实践（BMPs）</td><td>举措 1：使溢流减排和其他环境问题成为所有相关市政机构优先考虑的事宜</td></tr>
<tr><td>举措 2：即刻试行各种最佳实践并验证和评估其在纽约社区的成效</td></tr>
<tr><td>举措 3：规划停车场绿化</td></tr>
<tr><td>举措 4：提供建造绿色屋顶的激励机制</td></tr>
<tr><td>举措 5：保护湿地</td></tr>
<tr><td rowspan="9">供水网络</td><td rowspan="3">政策 1：保证饮用水的质量</td><td>举措 1：继续实行水域保护项目</td></tr>
<tr><td>举措 2：为卡茨基尔系统和特拉华系统建造紫外线杀菌厂</td></tr>
<tr><td>举措 3：建造克罗顿过滤水厂</td></tr>
<tr><td rowspan="3">政策 2：为纽约市建造备用输水管道</td><td>举措 1：启动一套新的节约用水计划</td></tr>
<tr><td>举措 2：充分利用现有设施</td></tr>
<tr><td>举措 3：评估新的水源地</td></tr>
<tr><td rowspan="3">政策 3：调整市内配水系统</td><td>举措 1：完成 3 号输水隧道建设</td></tr>
<tr><td>举措 2：为史坦顿岛建造备用输水隧道</td></tr>
<tr><td>举措 3：加速主要供水基础设施的升级</td></tr>
</table>

续表

政策		举措
空气	政策1：实现道路车辆的减排	举措1：捕捉交通运输规划中关于空气质量的效益
		举措2：提高私家车的燃料效率
		举措3：实现出租车、黑车和租赁车辆的减排
		举措4：替换、改造柴油货车并为其更新燃料
		举措5：实现校车的减排
	政策2：实现其他交通工具的减排	举措1：改造渡轮并且推进清洁能源的使用
		举措2：促进与港务局合作以实现港口设施的减排
		举措3：实现施工车辆的减排
	政策3：实现建筑物的减排	举措1：捕捉能源规划中关于空气质量的效益
		举措2：推广使用更清洁燃烧的取暖燃料
	政策4：寻求改善空气质量的自然途径	举措1：捕捉开放空间规划中关于空气质量的效益
		举措2：对公园用地的指定区域重新造林
		举措3：在一些地段上增加树木种植
	政策5：了解挑战的范围	举措1：开展地方协作性空气质量的研究
能源	政策1：改善能源规划	举措1：建设纽约市能源规划局
	政策2：减少纽约市的能源消耗	举措1：减少市政府的能源消耗
		举措2：加强的能源和建筑规范
		举措3：建立能源效率机构
		举措4：优化针对性激励机制的五个关键领域
		举措5：扩大高峰负荷管理
		举措6：开展节能意识和培训宣传
	政策3：增加城市的清洁能源供给	举措1：改建电力设施并建造发电厂和专用传输电缆
		举措2：扩建清洁分布式发电
		举措3：支持天然气基础设施的扩建
		举措4：扶持可再生能源市场
气候变化	政策：至少实现30%的温室气体减排目标	举措1：创建一个政府间工作小组来保护城市的重要基础设施
		举措2：与弱势社区合作来开发针对性的区域性战略
		举措3：启动一个覆盖全市的战略规划来适应气候变化

资料来源：PlaNYC，2011

2011年，纽约市提出了具体目标，要求整个城市2030年的温室气体排放量相较2005年减少30%，而政府部门2017年相对于2006年减排30%。

2005 年城市温室气体 79% 来源于电力与建筑部门。因此，建筑节能改造和能源供应低碳化（如提高可再生能源或清洁能源的比重）成为纽约市的核心战略。另外，“规划纽约 2030”计划也包括了土地、水、能源、交通和空气污染等领域的几大关键子项目行动。“规划纽约 2030”计划从 2002 年开始编制纽约市温室气体排放清单。纽约市通过每年回顾城市温室气体排放清单来监测减排项目的进展和成效。清单对排放量进行了情景预测，对现有和未来政策的减排潜力进行了评估，最终制定了全市及政府部门的减排目标。

纽约市所采取的行动包括节能项目、街道植树项目、高效道路照明、填埋气回收利用、新能源汽车以及固体废弃物回收利用等。纽约市 2007 年的排放清单进展情况表明，实施这些项目每年减排 44.6 万吨二氧化碳。

2.3 我国低碳试点省市实践

2.3.1 低碳试点的积极意义

气候变化深刻影响着人类生存和发展，是世界各国共同面临的重大挑战。积极应对气候变化，是我国经济社会发展的一项重大战略，也是加快经济发展方式转变和经济结构调整的重大机遇。我国正处在全面建设小康社会的关键时期和工业化、城镇化加快发展的重要阶段，能源需求还将继续增长，在发展经济、改善民生的同时，如何有效控制温室气体排放，妥善应对气候变化，是一项全新的课题。开展低碳省区和低碳城市的试点，有利于充分调动各方面积极性，以及积累对不同地区和行业分类指导的工作经验，是推动落实我国控制温室气体排放行动目标的重要抓手。作为应对来自气候变化、能源、经济转型、外交等多方面的环境与发展压力的重要举措之一，我国在 2010 年和 2012 年陆续启动了两批低碳试点，共有 6 省 36 市参与试点。试点省区及城市分布于全国不同地区，包括不同类型；既有广州、深圳等经济领军城市，也有赣州、广元等发展水平相对较低的城市；既有桂林、呼伦贝尔等生态旅游城市，也有金昌、济源等高能耗资源型城市。这些低碳试点省区及城市经济社会基础、自然条件、资源禀赋和发展水平不同，其低碳发展的基础条件也有较大差异，在制定具体的发展规划之前，亟须对其进行分类，确定符合各类试点的低碳发展路线。

2.3.2 低碳试点城市的比较分析

通过选择评价指标并计算得到32个低碳试点城市的能源、经济、社会和环境发展指数，并据此聚类，将所有低碳试点城市划分为Ⅰ～Ⅳ四个类型（表2-5）。

表2-5 低碳发展指数及试点城市类型

试点城市	能源指数	经济指数	社会指数	环境指数	类型
广州	0.64	0.82	0.75	0.82	Ⅰ
深圳	0.62	0.88	0.92	0.85	Ⅰ
苏州	0.68	0.81	0.57	0.82	Ⅱ
镇江	0.76	0.66	0.47	0.84	Ⅱ
杭州	0.70	0.76	0.49	0.83	Ⅱ
温州	0.77	0.48	0.52	0.80	Ⅱ
厦门	0.64	0.61	0.77	0.86	Ⅱ
南昌	0.67	0.46	0.56	0.84	Ⅱ
青岛	0.73	0.62	0.54	0.86	Ⅱ
武汉	0.58	0.59	0.64	0.81	Ⅱ
宁波	0.71	0.66	0.52	0.80	Ⅱ
保定	0.70	0.25	0.42	0.75	Ⅲ
石家庄	0.61	0.36	0.52	0.77	Ⅲ
秦皇岛	0.59	0.43	0.36	0.81	Ⅲ
晋城	0.63	0.42	0.39	0.83	Ⅲ
呼伦贝尔	0.72	0.40	0.23	0.77	Ⅲ
吉林	0.61	0.45	0.25	0.80	Ⅲ
淮安	0.69	0.45	0.38	0.80	Ⅲ
池州	0.61	0.33	0.22	0.80	Ⅲ
南平	0.70	0.35	0.21	0.81	Ⅲ
景德镇	0.75	0.34	0.30	0.97	Ⅲ
赣州	0.82	0.28	0.25	0.75	Ⅲ
广元	0.65	0.26	0.26	0.82	Ⅲ

续表

试点城市	能源指数	经济指数	社会指数	环境指数	类型
遵义	0.64	0.31	0.28	0.80	Ⅲ
延安	0.82	0.42	0.24	0.74	Ⅲ
大兴安岭	0.67	0.33	0.16	0.80	Ⅲ
桂林	0.70	0.32	0.29	0.82	Ⅲ
贵阳	0.42	0.47	0.43	0.76	Ⅳ
昆明	0.49	0.49	0.42	0.83	Ⅳ
金昌	0.45	0.33	0.25	0.61	Ⅳ
乌鲁木齐	0.18	0.54	0.43	0.74	Ⅳ
济源	0.24	0.40	0.34	0.81	Ⅳ

Ⅰ型城市：发展程度高，碳排放强度低。包括广州和深圳两城市，该类型城市经济、社会和环境水平都比较高，能源指数处于中等水平。作为一线城市，其经济发展已经进入了一个新的阶段，具备实现低碳发展转型的社会共识以及经济和技术的基础。但也面临着第三产业比重大，高耗能产业比重逐年下降，减排压力持续增大，以及交通碳排放大幅上升，即将取代工业碳排放成为第一碳排放源等挑战。

Ⅱ型城市：发展势头好，碳排放转型。主要为中东部的 9 座试点城市，总体趋势良好，处于提高碳排放效率的转型期。包括苏州、镇江、杭州、温州、厦门、南昌、青岛、武汉和宁波。这些城市各项指标总体较好，但仍存在部分制约低碳发展的困难，如部分城市不同程度地存在能源利用效率偏低、经济水平不高及社会服务水平有待完善等问题。这类城市实现低碳发展的压力适中，突破低碳发展的瓶颈问题是关键。

Ⅲ型城市：发展水平中等，人均排放低。主要为经济发展处于中等水平的 16 座中西部城市，人均碳排放水平相对较低，但发展需求旺盛，碳减排压力持续增大。包括保定、石家庄、秦皇岛、晋城、呼伦贝尔、吉林、淮安、池州、南平、景德镇、赣州、广元、遵义、延安、大兴安岭和桂林。这些城市多数有着优越的区位条件，社会和经济发展需求旺盛，处于快速增长阶段，碳减排压力将随着经济的快速增长而持续增加，因此这类城市实现低碳转型的任务尤为紧迫。

Ⅳ型城市：发展水平低，碳排放强度高。主要为西部地区经济发展水平较低或依赖资源的5座城市，碳排放强度较高。包括贵阳、昆明、金昌、乌鲁木齐和济源。这些城市能源指数都处在较低水平，社会与经济指数也不高，部分城市环境指数也存在较大问题。这类城市的经济增长在较大程度上大多依赖于资源产业，碳排放总量和碳排放强度较高，社会经济基础相对薄弱，低碳转型压力大，部分城市的低碳专项亟待国家和地方政策的专门支持。

通过对各试点城市潜力评价研究发现：

1）在入选的32座城市中，发展程度高/碳排放强度低的Ⅰ型城市、发展势头好/碳排放转型的Ⅱ型城市、发展水平中等/人均排放低的Ⅲ型城市和发展水平低/碳排放强度高的Ⅳ型城市分别有2座、9座、16座和5座，说明目前低碳试点城市的选取兼顾了地域、发展水平和低碳发展基础等因素，并重点向处于发展转型期的城市倾斜，代表性较好。

2）目前入选的低碳试点城市的发展基础存在一定的差异，主要表现在产业结构、发展水平、资源禀赋、环境质量与环境管理水平、碳排放强度、人均碳排放量等方面，这是制定符合本地特色的低碳发展路线的基础。不同城市宜按照本地资源环境和经济社会条件，制定分阶段、有特色、有效率及有效益的低碳发展路线图。

3）Ⅰ型城市低碳发展的重点是产业结构的深化调整，在确保发展质量的前提下，逐步建立先进的都市低碳消费理念与低碳文化体系，探索大城市的低碳发展路径；Ⅱ型城市目前处于低碳发展的交叉路口，重点是尽快找准优势，以低碳发展概念撬动建立全新的低碳发展模式，降低快速发展进程中的碳锁定成本；Ⅲ型城市发展需求迫切，如按常规发展路径发展，未来的碳排放增长需求很大，低碳发展概念的引入，有助于探索符合环境保护与经济社会发展双重目标的全新道路，并为我国大量尚处于这一阶段的中小城市提供借鉴；Ⅳ型城市低碳发展的压力和机遇并存，需在确保经济增长势头不减的情况下，从调整能源结构、产业结构及培育低碳产业等方面积极拓展低碳发展空间。

通过以上分析，在下一阶段遴选低碳试点省区及低碳试点城市的管理工作中，还需加强对以下问题的关注：

1）进一步细化低碳试点遴选标准，重点向Ⅱ、Ⅲ型城市倾斜，这两类城市在我国各类城市中比例较大，且低碳发展需求更紧迫，低碳发展的效益潜力大。

2）加强低碳试点的考核评估工作，建议结合节能减排指标以及经济社会发展综合指标的分解落实，因地制宜制定低碳试点的发展目标及其考评体系，推进低碳试点工作的高效推进。

3）建议在国家和各省区层面推动低碳试点向县、乡镇和社区扩展，建立边界清晰、特色明显和效益突出的一批低碳试点单元，藉此扩大推广低碳发展理念及全面提升低碳发展示范效应。

第 3 章

西部地区低碳社会建设机遇

3.1　西部地区概况

3.1.1　自然和社会概况

地理上的西部包括西南和西北地区，涵盖了重庆市、四川省、贵州省、云南省、西藏自治区、陕西省、甘肃省、宁夏回族自治区、青海省和新疆维吾尔自治区。西部大开发战略制定后，国家出于政策考量，将经济社会发展同样相对落后的内蒙古自治区和广西壮族自治区也纳入西部地区的范围。这样西部地区共包含 12 个省（自治区、直辖市），面积约 689 平方公里，约占我国陆地总面积的 71.4%。

我国幅员辽阔，平原少，山地多，陆地高差悬殊。山地、高原和丘陵等约占国土总面积的 66%，平地约占 34%，山地和高原多集中于西部地区。我国地形分布规律是地势西高东低，呈三级阶梯，自西而东逐级下降，西部地区总体位于第二和第三阶梯上，这里还有世界屋脊——青藏高原。青藏高原地形特点是：山地比例高（占青海和西藏境内的面积高达 51.2%），山多川少，冻土荒原多，高原上有大面积戈壁、荒漠、高寒草原类型土地，整个青藏高原上内可供种植并利用的土地面积约为 226.7 公顷，不足高原土地总面积的 10%，且土壤质地差，砾石多、质地粗，有机物质少，抗侵蚀能力差。青藏高原东北侧的祁连山北麓与河西走廊相连接，海拔在 1500～2000 米。东部逐渐过渡到黄土高原，海拔在 1000～1500 米，黄土高原也是我国独特的地理单元，强烈侵蚀将黄土高原切割成破碎的塬、墚、峁。青藏高原东南面的横断山脉，呈南北走向，往东过渡到四川盆地、云南山地和贵州高原。盆地底部海拔在250~700米，山地和高原海拔在1500~2500米，深切沟谷的高差可达到1000米以上。

西部地区的气候受大气环流和地貌格局的影响，差异巨大。主要划分为3个地区：东部和东南部为主要受季风影响的地区；青藏高原为独特的高寒地区；西北部远离海洋，又受到青藏高原的阻挡，水汽被屏蔽，形成了干旱荒漠的大陆气候。气候的变化从东南部的湿润热带地区向西过渡到高寒干旱地区，向西北过渡到中温带荒漠地区。年平均气温在东南缘超过23℃，而在青藏高原的许多地方在0℃以下。最冷月的平均温度在云南南部超过16℃，而在青藏高原和西北大部分地区在0℃以下，新疆的富蕴地区在-20℃以下。最热月的平均气温是两边高、中间低，新疆吐鲁番地区超过32℃，云南南部接近28℃，高原腹地还不到6℃。从降水量来看，西南相对湿润，大体上呈东南向西北减少的趋势，降水量在600~2300毫米；西北地区的降水量则从东部的400毫米左右，往西减少到200毫米，甚至50毫米以下，新疆吐鲁番盆地的托克逊，年降水量仅为6.9毫米，是我国降水最少的地方。干旱是本区的主要自然特征，再加上地形和山脉走向的影响，造成多雨区和少雨区交错分布，进一步加剧了西部地区降水分布不均的特点。

除了复杂的自然环境，西部地区更因其所处的复杂国际环境而得到重视，在我国社会安定和国家安全方面具有重要的战略地位。西部地区占全国土地总面积的71.5%。其中大多数省份处于我国的边境地区，而边境安全直接关系到我国的社会稳定和国家安全。另外，西部地区拥有我国50多个少数民族，提高少数民族地区的社会经济发展水平事关我国社会安定。

3.1.2 西部地区特殊性

随着西部大开发战略的逐步推进，西部地区也进入了发展的快车道，取得了举世瞩目的成就，但随着我国不再唯GDP论，过去以资源驱动的粗放式经济发展方式难以为继，如何利用更少的资源创造更大的价值正是人们思考的重点。建设低碳社会不仅仅是各方面压力下的被迫选择，也是一次难得的发展机遇。随着经济的发展，西部地区人民对于幸福生活有了更高的要求，超越了吃饱穿暖，生活环境的舒适也成为一大要求。良好的生态环境可以吸引更多的人来定居。这给一些经济相对落后地区提供了跨越式发展的机会。低碳化将与信息化一起，成为继工业革命后最重大的社会变革之一。

(1) 产业结构不合理且高碳产业发展比重大

西部地区具有明显的农业型、重工业型传统经济特征：第一、第二产业比重过大，经济发展中高能耗、高污染的特征明显。统计数据显示，2012年，西部城市化率为44.7%，远低于中东部的56.2%。一般认为，城市化水平的提高有赖于城市第二、第三产业，尤其是第三产业发展。据《中国西部发展报告》表明，西部地区三次产业比值为21.34∶42.48∶36.18，第一产业占比比东部高7.25个百分点，第二、第三产业却低5.83和1.42个百分点。总体而言，西部经济发展明显呈现农业型和重工型。其中第二产业中以资源为基础的制造加工业比重较高，尤其是石油加工、炼焦业和建材生产等高耗能行业，高出全国平均水平12.5个百分点。

(2) 能源消费结构不合理且清洁能源占总能源消耗比例较低

西部地区依赖其资源优势，经济发展多以能源初级加工为主，技术含量低，在生产加工过程中能源消耗浪费严重，能源消耗以一次性能源消耗为主，能源再利用及新能源开发和利用比重低。西部地区万元GDP能耗高达1.67吨标准煤，万元工业增加值能耗达2.99吨标准煤，分别比全国平均水平高51.8%和36.5%，比东部地区高81.5%和110.6%。西部地区单位工业增加值“三废”排放量也远高于全国和东部地区平均水平。西部地区虽有着丰富的太阳能、沼气能等清洁能源，但由于技术、资金等原因未能充分合理开发，致使清洁能源占总能源消耗的比例较低。中国政府已明确表示，到2020年单位GDP二氧化碳排放比2005年下降40%～45%，要实现这一目标，难点将在中西部尤其是西部地区。

(3) 建筑和交通能耗呈上升势头

随着人民收入水平的提高和社会发展的需要，西部城市在建筑和交通方面的能耗呈现快速上升的态势。在交通能耗方面，以宁夏银川市为例，银川市内机动车保有量由2004年的9万辆升至2011年的31万辆，其中70%为私家车，且以每年5万辆的数量递增，交通能耗也随着机动车数量的增加而节节攀升。而在建筑能耗方面，西部由于地理原因，冬季严寒且采暖期长，多采用集中供暖形式，但由于供暖模式落后导致能耗为同等气候条件下日本能耗的2倍多；同时，新型墙体材料、民用建筑太阳能热水系统一体化应用、绿色建筑等尚处在初期发展阶段，建筑能耗上升较快。因此，急需加大西部建筑、交通领域的节能减排工作。

(4) 相关法律法规不健全

西部低碳建设是一个庞大而复杂的工程，现有的法律法规很难满足当下的需求。因此西部各地区有必要根据本地区的自然、经济、社会条件和发展水平，在不违背宪法和法律基本精神的情况下制定相应的地方法规规章，以确保西部低碳社会的顺利构建。其中，有涉及地区产业规划方面的法规规章，也有涉及城市交通节能、城市建筑能耗标准等各方面的法规规章。

3.1.3 西部大开发

为了促进西部又好又快发展，我国政府制订了一系列相关政策。主要政策如下：

1999 年，我国政府面向新世纪，做出了实施西部大开发战略、加快中西部地区发展的重大决策。

2000 年初，国务院成立西部地区开发领导小组并召开西部开发工作会议，具体部署西部开发的工作任务，西部大开发拉开了序幕。

2000 年 10 月，国务院颁布了《国务院关于实施西部大开发若干政策措施的通知》，明确了国家实行重点支持西部开发的政策措施：加快基础设施建设；加强生态环境保护和建设；巩固农业基础地位，调整工业结构，发展特色旅游业；发展科技教育和文化卫生事业。力争用 5 ~ 10 年时间，使西部地区基础设施和生态环境建设取得突破性进展，西部开发有一个良好的开局。到 21 世纪中叶，要将西部地区建成一个经济繁荣、社会进步、生活安定、民族团结和山川秀美的新西部。

文件中所规定的政策适用于 2001 ~ 2010 年，将随着西部大开发战略的实施，作进一步完善，概括起来有四个方面：①增加资金投入：加大建设资金投入力度；优先安排建设项目；加大财政转移支付力度；加大金融信贷支持。②改善投资环境：大力改善投资的软环境；实行税收优惠政策；实行土地和矿产资源优惠政策；运用价格和收费机制进行调节。③扩大对外对内开放：进一步扩大外商投资领域；进一步拓宽利用外资渠道；大力发展对外经济贸易；推进地区协作与对口支援。④吸引人才和发展科技教育：吸引和用好人才；发挥科技主导作用；增加教育投入；加强文化卫生建设。

2001 年 8 月，国务院发布了《国务院西部开发办关于西部大开发若干政策措施的实施意见》，此文件将《国务院关于实施西部大开发若干政策措施的通知》的指导政策细化，进而制订了一系列详细而具体的优惠政策。

2002 年 1 月，国务院西部地区开发领导小组办公室、水利部印发《西部地区水利发展规划纲要》，加快西部地区水利发展，促进西部地区水利基础设施建设及水资源的合理开发、优化配置、全面节约、高效利用、有效保护和综合治理。

2002 年 2 月，国务院印发了《西部地区人才开发十年规划》，以支持和帮助西部地区搞好人才开发工作，保证西部大开发战略决策的顺利实施。

2003 年 1 月，科技部、国务院信息办、国务院西部地区开发领导小组办公室发布了《关于推进“缩小数字鸿沟——西部行动”的通知》及《“缩小数字鸿沟——西部行动”实施方案》，以帮助西部地区提高信息化水平，进一步明确了缩小数字鸿沟的目标、内容、组织与实施进度等；争取在 3 ~ 5 年内，使一些试点和示范工作取得明显成效；10 年内，使数字鸿沟扩大的趋势初步得到控制。

2003 年 12 月，国务院通过了《退耕还林条例》，将下列耕地纳入退耕还林规划，并根据生态建设需要和国家财力有计划地实施退耕还林：水土流失严重的；沙化、盐碱化、石漠化严重的；生态地位重要、粮食产量低而不稳的。这对改善生态环境，尤其是西部地区生态环境具有十分重要的作用。

2004 年 3 月，国务院印发了《国务院关于进一步推进西部大开发的若干意见》，文件提出了进一步推进西部大开发的十条意见：扎实推进生态建设和环境保护，实现生态改善和农民增收；继续加快基础设施重点工程建设，为西部地区加快发展打好基础；进一步加强农业和农村基础设施建设，加快改善农民生产生活条件；大力调整产业结构，积极发展有特色的优势产业；积极推进重点地带开发，加快培育区域经济增长极；大力加强科技教育卫生文化等社会事业，促进经济和社会协调发展；深化经济体制改革，为西部地区发展创造良好环境；拓宽资金渠道，为西部大开发提供资金保障；加强西部地区人才队伍建设，为西部大开发提供有力的人才保障；加快法制建设步伐，加强对西部开发工作的组织领导。

2006 年 2 月，国务院印发了《关于促进西部地区特色优势产业发展的意见》，以加快西部地区特色优势产业发展，优化产业结构和布局，增强西部地区自我发展能力。

2006 年 12 月，国务院通过了《西部大开发“十一五”规划》。规划目标是努力实现西部地区经济又好又快发展，人民生活水平持续稳定提高，基础设施和生态环境建设取得新突破，重点区域和重点产业的发展达到新水平，教育、卫生等基本公共服务均等化取得新成效，构建社会主义和谐社会迈出扎实步伐。

2007 年 11 月，国务院印发了《关于加强东西互动深入推进西部大开发的意见》，以加强东西部地区互动合作，深入推进西部大开发，促进区域协调发展。

2010 年是实施西部大开发战略 10 周年，国务院印发了《中共中央国务院关于深入实施西部大开发战略的若干意见》，以深入实施西部大开发战略。

2010 年 9 月，国务院印发了《国务院关于中西部地区承接产业转移的指导意见》，以加快经济结构调整和发展方式转变，深入实施西部大开发和大力促进中部地区崛起战略，在全国范围内推动形成更加合理有效的区域产业分工格局，促进区域协调发展。

2012 年 2 月，国务院通过了《西部大开发“十二五”规划》。规划指出，西部地区仍是我国区域发展的“短板”，是全面建设小康社会的难点和重点。“十二五”时期要坚持把深入实施西部大开发战略放在区域发展战略优先位置，努力保持经济社会长期持续平稳较快发展，实现地区生产总值和城乡居民收入增速均超过全国平均水平。

2013 年 2 月，国务院发布了《西部地区重点生态区综合治理规划纲要(2012—2020 年)》，目标是到 2015 年，森林覆盖率达到 19%，森林蓄积量增加 3. 3 亿立方米，新增水土流失治理面积 14. 5 万平方公里，45. 5% 的“三化”草地得到治理，可治理沙化土地治理率达到 39%，自然保护区占国土总面积的 15%，国家重点保护物种和典型生态系统类型保护率达到 90%，自然湿地保护率达到 70%，水源区水质达标率进一步提高；生态补偿机制初步建立，优良生态资源得到有效保护，各重点生态区形成一定规模的接续主导产业，农牧民收入稳定增长；重点生态区生态环境综合监测与评估系统基本建立。到 2020 年，重点生态区综合治理取得重大进展，优质生态资源得到全面保护，生态建设成果得到有效巩固，生态系统结构稳定性明显增强，生态服务功能明显改善，重点治理地区生态实现良性循环，西部生态整体恶化趋势得到基本遏制；生态补偿长效机制基本建立，重点生态地区人民生产水平和生活质量明显提高。

2014 年 8 月，国务院印发了《西部地区鼓励类产业目录》，以促进西部地区产业结构调整和特色优势产业发展。

3.2 西部地区低碳社会建设的主要影响因素

3.2.1 经济发展

产业是经济发展的关键和基础，更是低碳社会发展的核心和目的。合理的产业结构和空间布局将极大地促进低碳社会发展，反之将阻碍低碳社会发展甚至引起区域经济的倒退，建设低碳社会必须重视低碳产业的培育和发展。

一直以来，西部地区产业结构比重失调，以农业为主或资源型工业为主，经济增长过于依赖第二产业，特别是重化工工业比重偏高，而低能耗的第二产业和服务业发展滞后，比重偏低。由于经济发展落后造成的基础设施配套不完善，在西部，很多地区能源结构依然以煤炭为主要燃料，长期形成的粗放成发展模式一时难以改变，低碳社会缺乏产业基础和科技支撑，既无法拉动相关产业的发展，也不利于节能减排。

以西部地区典型的资源型工业城市金昌为例，2012 年金昌市工业增加值对 GDP 贡献率为 75. 8%，工业用电量占全市总用电量的 83. 61%，工业用水量占全市总用水量的 87%，工业能源消费占全市总能耗的 88. 23%。有色冶金业作为金昌的支柱产业，向来是污染大户，而当前的技术还无法完全避免污染物的排放；同时，金昌地处戈壁，生态承载力低，自然净化力差，高污染产出与低污染处理之间的矛盾成为制约金昌实现生态发展的主要因素。与金昌情况类似，西部地区的主要城市第二产业中的支柱产业多数是依赖资源加工和高能耗的工业，在短期内没有足够的国家战略性资金和项目支持，难以形成产业的垂直整合，布局相对分散的情况还将继续，现有产业转型困难较大。但是，这也是西部地区实现低碳社会发展最为关键的产业部门。与此同时，西部地区由于经济发展落后，经济社会发展的愿望相对东部、中部地区更为强烈，进入 21 世纪以来，西部各省（自治区、直辖市）产业发展主要依靠对外招商引资，而这种招商引资往往带有盲目性，一定程度成为东部地区落后产能转移的承接地，在本地原有产业尚未完成低碳化改造的同时，又新增很大一部分落后的产能，使产业结构更为扭曲，也增大了低碳社会发展的难度。

此外，产业发展中的技术创新也是低碳社会发展的关键，但由于成本控制、研发力量不足及支持体系缺乏等原因，西部地区低碳社会发展的技术项特别是大规模的集群产业、示范项的创新技术研发体不足，未形成张大的创新，不能满足低碳社会发展的需求。

3.2.2 资源禀赋

(1) 自然资源

西部地区地域辽阔，人口密度低，地下矿产丰富，能源发展潜力大。四川、陕西和新疆拥有全国最大的3个天然气田，储量约占全国总储量的61%，加上青海等地的大型气田，西部地区的天然气储量达全国的92%。山西和新疆的煤炭及石油储量均居全国前列。

在新能源方面，西藏有全国最大的地热发电站，内蒙古风能总储量居全国首位，技术可开发量达1.5亿千瓦，约占陆地可开发总量的50%，装机容量约占全国四分之一。截至2013年底，全国22个主要省（自治区、直辖市）已累计并网741个大型光伏发电项目，主要分布在我国西北地区。累计装机容量排名前三的省份分别为甘肃、青海和新疆，分别达到432万千瓦、310万千瓦和257万千瓦，三省区之和约占全国光伏电站总量的60%。图3-1为全国部分地区光伏发电情况。

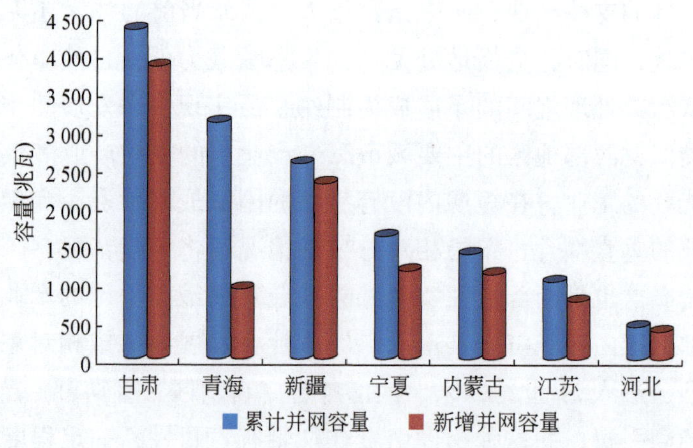

图3-1 全国部分地区光伏发电情况

西北地区是我国重要的有色金属生产基地。例如，在已探明的储量中，甘肃金昌，享有“镍都”之称，拥有国内最大的镍矿；甘肃白银，因铜矿储量和开采在全国地位显著，得“铜城”别名，同时有丰富的铅、锌、金、银等金属矿产及硫黄、煤炭、石膏、石灰石、芒硝、氟石等非金属矿产；青海柴达木盆地的锡铁山，也是铅锌矿主要产地，建成于1986年，每年能采选矿石100万吨，是国内第二大铅锌矿。表3-1为西部地区能源矿产储量占全国比例。

西南地区的有色金属也极为丰富。例如，云南个旧因锡矿开发历史悠久(2000多年)、储量丰富、冶炼技术先进及精锡纯度高而闻名国内外，享有“锡都”美誉。中华人民共和国成立后，累计生产锡92万吨，约占全国锡产量的70%以上，是全国最大的锡现代化生产加工基地。云南东川铜矿，生产规模也相当大。地处贵州东部黔湘交界的贵州汞矿储量和年产量在国内居首位，在世界上也屈指可数。贵阳附近也有丰富的铝土资源。四川东部的攀枝花矿产资源丰富，其中钒资源约占全国62.2%，居世界第三位；钛资源约占世界11.6%，居世界第一位；中坝石墨矿床基本囊括南方所有石墨资源，为中国第二大石墨矿床。能源丰富为西部地区发展工业提供了有利条件，将有力地促进新疆等西部地区的经济发展，也有利于促进沿线10个省（自治区、直辖市）的产业结构、能源结构调整和经济效益提高。资源丰富也使得西部地区过于倚重简单粗放的生产方式，导致产业转型难，减排压力大，同时也造成了严重的环境破坏，令西部本就脆弱的生态环境雪上加霜。

表3-1 西部地区能源矿产储量占全国比例

种类	比例/%	种类	比例/%
天然气	92	铜矿	51
石油	46	铅矿	72
煤炭	43	锌矿	79
铁矿	33	铝土矿	69
锰矿	80	菱镁矿	0
原生钛铁矿	91	硫铁矿	51
钒矿	93	磷矿	59
铬矿	99	高岭土	58

（2）人力资源

20世纪末，西部地区面临严重的人才流失危机，每万人拥有的人才存量在全国排位不断下降，高层次人才外流加剧。表3-2为各地区每万人拥有大专及以上学历数量。以甘肃省为例，甘肃每年外流的高中级职称和高学历专业技术人员超过1000名，仅高校系统（不含兰州大学）自1992～1999年，调出的中级以上专业技术人员有576名，而从外地引进的专业技术人员仅为150名左右，流出人员是引进人员的4倍；全省每年在外省高校毕业的学生有5000余人，而每年回到甘肃的毕业生却不到三分之一，尤其是工科类本科以上毕业生回省率更是低得惊人，从而使甘肃省人才相对存量在全国排名倒数第五，在西北五省区倒数第一。大量人才外流，给本来劳动者素质就不高的西部地区的发展造成了巨大困难。随着西部大开发战略实施以及《西部地区人才开发十年规划》的实行，西部地区人才数量增长迅速。云南、西藏和四川占据了增幅最大省份的前三名。同时也应看到新疆虽然在绝对数量上拥有较多人才，但增幅仅有29%，排名倒数第二。人才的增长跟不上经济增长，无疑会给该地区后续发展带来障碍。

表3-2　各地区每万人拥有大专及以上学历数量

地区	2003年/(人/万人)	2013年/(人/万人)	增长率/%
云南	183	776	324
西藏	82	239	190
四川	374	1054	182
浙江	617	1733	181
江苏	496	1373	177
重庆	361	936	160
河南	320	809	153
黑龙江	490	1224	150
青海	506	1257	148
辽宁	897	1983	121
湖北	544	1192	119
天津	1086	2305	112
甘肃	444	902	103
宁夏	553	1125	103

续表

地区	2003 年/(人/万人)	2013 年/(人/万人)	增长率/%
北京	2029	4121	103
山西	538	1072	99
福建	466	889	91
陕西	638	1199	88
安徽	491	915	86
内蒙古	546	1008	85
湖南	470	850	81
山东	549	989	80
吉林	642	1156	80
贵州	529	909	72
广西	452	770	70
广东	507	820	62
海南	578	878	52
江西	628	939	49
上海	1667	2469	48
新疆	1000	1285	29
河北	660	773	17

3.2.3 技术因素

作为全球最大的发展中国家，我国整体科技水平不高，与发达国家相比还有很大的差距。而作为发展中国家的欠发达地区，西部地区的技术底子更加薄弱。技术结构不合理和科技研发能力不足等因素严重制约着西部地区低碳社会发展。

第一，技术基础薄弱。西部地区整体科技水平较低，没有雄厚的技术体系作支撑，不利于低碳技术的研究和发展。目前，西部在能源生产和交通、建筑、化工等工业生产方面技术水平相对落后，工艺技术水平不高，研发能力有限，产业体系薄弱，先天的技术条件严重制约了低碳技术的发展。

第二，技术结构不合理。薄弱的经济基础与计划经济时代遗留的历史问题决定了西部的技术结构严重不合理，缺失先进核心技术，高能耗、高污染、低效率和低附加值的传统技术仍占主导地位，要在短时间内淘汰落后的技术和工艺，实现技术结构的升级尚存在很大困难。在输出的产品中依赖资源、能源和人力加工成的商品占有相当大的比例，制作这些商品的技术含量不高，主要是加工制造技术。低端技术为主的技术结构严重阻碍了西部地区产业结构的调整，高耗能、高污染的落后工艺和技术的大量应用导致以传统“高碳技术”为主的第二产业比重过大，以知识型技术和服务型技术为主的第三产业发展较为缓慢。

第三，技术自主研发和创新能力不足。首先，受我国整体科技水平不高的限制。雄厚的科技实力是技术研发和创新的基础，相比发达国家较为完善的技术创新体系，我国在很多关键技术方面才刚刚起步，没有雄厚的技术体系作支撑，低碳技术创新起点不高，研发高端、复杂的核心技术就变得十分困难，不利于低碳技术的研究和发展。其次，西部的教育科研机构远少于中东部地区，人才流失现象未得到改善，无法满足西部突飞猛进的发展对人才的渴求。再次，研发主要依靠大型企业，但由于低碳技术产品研发时间长、成本高、风险大及受益见效慢等因素的影响，很难使以追求短期商业利益为目的的企业放弃眼前的利益，转向投资回报时间更长的低碳技术。最后，科技体制长期和市场脱离、资金短缺、市场不成熟、科研成果质量不高等因素，是影响我国科研技术成果转化、应用及推广的主要障碍。

3.2.4 消费模式

建设低碳社会，不仅仅取决于低碳技术的研发、应用和推广，健康的低碳生活方式同样重要。低碳生活并不是要回归原始生活，而是在保证不影响生活质量的前提下，通过转变消费观念和行为模式来降低二氧化碳排放量的一种更健康的生活方式。在日常生活中注意节约水、电、气，选择绿色出行，购房时考虑适中度而不是奢华性，对照明和取暖的需要适度。日常乘坐公共交通，少用一次性纸杯、纸巾等行为都是低碳生活方式。低碳生活不仅是一种新潮流的生活方式，更是一种修养、一种高尚的生活态度。落实节能减排还必须扭转消费模式。低碳生活就是简约朴素，更自然，更环保，绿色、健康的生活。政府部门应率先采购低碳型场地、设备和办公用品等，严格规定公务人员的能耗标准，并加大对公共场所的节能设施建设。政府机构是消费大户，日常生活中更应该选择低碳产品，一方面可以达到节能减排的目的，另一方面能够树立良好的政府形象，起到示范带头作用。

3.3 西部地区低碳发展基础

3.3.1 低碳发展基础

由于地理条件、资源禀赋、区域差异和产业基础等原因，西部地区 12 个省份（自治区、直辖市）之间的经济发展水平差异较大，从 2014 年地区生产总值来看，最高者为四川，达 28 536.66 亿元，其次为内蒙古和陕西，分别为 17 769.51 亿元和 17 689.94 亿元；最低是西藏，为 920.83 亿元。从年增量来看，内蒙古的发展势头最为强劲，从 2001 年的 1713.81 亿元，增长到 2014 年的 17 769.51 亿元，增长了 10.37 倍，而增长最慢的是云南，2001 ~ 2014 年仅增长了 5.99 倍。将西部地区作为整体来看，2001 ~ 2014 年地区生产总值增长了 7.29 倍，高于中东部（6.08 倍），也高于全国平均水平（6.29 倍）。从以上数据可以看出，虽然在总量上西部仅占了全国的五分之一，但发展势头迅猛，正在迎头追赶。表 3-3 为西部各地区 GDP 及平均增长率。

表 3-3　西部各地区 GDP 及增长率

地区	2001 年 GDP/亿元	2014 年 GDP/亿元	平均增长率/%
内蒙古	1 713.81	17 769.51	10.37
广西	2 279.34	15 672.97	6.88
重庆	1 976.86	14 265.4	7.22
四川	4 293.49	28 536.66	6.65
贵州	1 133.27	9 251.01	8.16
云南	2 138.31	12 814.59	5.99
西藏	139.16	920.83	6.62
陕西	2 010.62	17 689.94	8.80
甘肃	1 125.37	6 835.27	6.07
青海	300.13	2 301.12	7.67
宁夏	337.44	2 752.1	8.16
新疆	1 491.6	9 264.1	6.21
西部	18 939.4	138 073.5	7.29
中东部	89 836.31	546 194	6.08
全国	108 775.7	684 267.5	6.29

区域经济增长伴随着区域产业结构的转换，产业结构状况是区域经济发展水平的内在标志。2001 年，即西部大开发的元年，西部地区第一产业比重较大，除陕西省外，都超过了全国平均值（14%），其中西藏为 30%，多个省份超过 20%；第二产业比重均低于全国平均值。2014 年，西部与中东部第二产业比重已相差不大，西部地区的第二产业占比甚至超过中东部一个百分点。第三产业方面，西部与中东部的差距就拉大了。在这 14 年中，第一产业占比持续下降，西部的降幅较大。表 3-4 为 2001 年和 2014 年西部各地区三次产业比例比较。

表 3-4　2001 年和 2014 年西部各地区三次产业比例比较　（单位：%）

2001 年西部各地区三次产业比例				2014 年西部各地区三次产业比例			
地区	第一产业	第二产业	第三产业	地区	第一产业	第二产业	第三产业
内蒙古	21	38	41	内蒙古	9	51	40
广西	25	34	41	广西	15	47	38
重庆	15	43	42	重庆	7	46	47
四川	23	37	41	四川	12	51	37
贵州	24	38	38	贵州	14	42	45
云南	21	41	39	云南	16	41	43
西藏	27	23	50	西藏	10	37	53
陕西	13	44	43	陕西	9	55	36
甘肃	18	41	41	甘肃	13	43	44
青海	15	42	43	青海	9	54	37
宁夏	15	40	45	宁夏	8	49	43
新疆	19	38	42	新疆	17	42	41
西部	20	39	41	西部	12	48	40
中东部	13	46	41	中东部	8	47	45
全国	14	45	41	全国	9	47	44

西部地区 12 个省份（自治区、直辖市）在 1995 年的二氧化碳排放量为 1108 百万吨，2012 年增长到 4525 百万吨，增长了约 4 倍，全国总量从 5071 百万吨增加到 16 100 百万吨，增长了约 3.2 倍，可见西部地区的增速要大于全国平均增长速度。图 3-2 为碳排放总量变化趋势，图 3-3 为人均碳排放变化趋势。由图可知，西部地区经济发展水平较低，排放总量最小，然而增长率

却较大，这充分说明西部地区产业结构不合理，产业以资源开发型和初级加工型为主，高度依赖能源、资源，科技含量低。

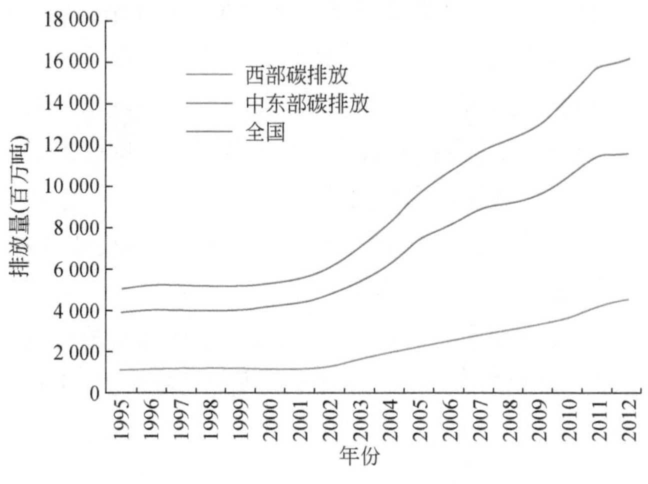

图 3-2　碳排放总量变化趋势

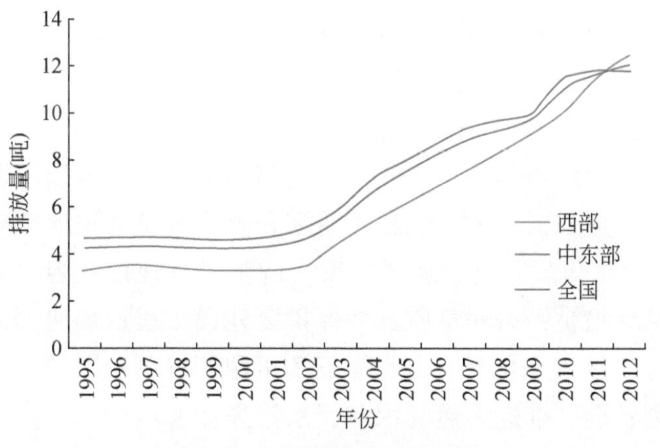

图 3-3　人均碳排放变化趋势

除了碳排放量，能源强度也与低碳建设紧密相关，往往用来衡量技术进步。1991 ~2008 年，西部地区 12 个省份（自治区、直辖市）的能源强度总体上是下降的，部分年份有所波动。从总体趋势来看，西部地区的能源强度从 1991 年的 3. 4 吨标准煤/万元降低到 2008 年的 1. 3 吨标准煤/万元，年平均降幅为 0. 72%。从各年份来看，1991 ~2001 年，能源强度降幅较大，由 3. 4 吨标准煤/万元降低到 1. 3 吨标准煤/万元，表明这 10 年中碳排放量并没有随经济的快速增长而高速增长，而是越来越少。2001～2004 年，由于国家政策的导向，西部地区与东部沿海、中部地区一样，高能耗、高排放和高污染的产业出现反弹，能源强度呈现波动上升。从 2005 年开始，随着国家一系列政策的出台、实施，西部地区的能源强度再次下降，但由于经济总量和能源使用等原因，能源强度只呈现小幅下降。这表明，在国家政策导向、经济发展现实需求等因素的作用下，西部地区产业结构逐步趋向合理，发展方式逐步趋向科学，正逐步向低碳经济发展转变。

综上所述，西部地区近年来的发展，其产业基础整体能源消耗量较大，与实际中西部地区以资源加工为主的产业体系基本匹配。在发展过程中，西部地区均采取了相关技术改造，推动产业综合能耗和碳排强度逐步下降，已经具备一定的低碳经济发展特征，只要处理好经济社会发展的制约因素，在西部地区发展低碳经济，构建低碳社会，是完全可以实现的。

3.3.2 低碳发展路径

(1) 继续加大支持西部生态环境建设的投资力度

自 2000 年以来，西部地区相继启动实施了退耕还林、天然林保护、退牧还草和京津风沙源治理等一批重点生态建设工程，取得了明显的生态效益、社会效益和一定的经济效益。“十二五”期间西部地区继续巩固和发展退耕还林、退牧还草成果，在重点生态脆弱区和重要生态区位继续安排退耕还林(草) 任务；完善和落实退牧还草政策，调整工程建设内容，综合治理退化草原，恢复草地植被；启动草原自然保护区建设工程；加快编制实施科尔沁退化草地治理、甘孜高寒草地生态修复和伊犁河谷草地保护等重点草原生态保护工程规划；继续推进天然林保护、京津风沙源治理、石漠化综合治理和防护林体系建设；开展三峡、丹江口和刘家峡等库区生态综合治理，加快三峡库区周边绿化带建设。

(2) 合理有序地进行生态移民

生态移民是为了解决生态脆弱地区功能的修复和保护，使不具备“就地扶贫”条件的地区通过生态移民实现当地居民脱贫致富的一项重要手段。我国的生态移民政策除了按照“群众自愿、就近安置、量力而行、适当补助”的原则进行外，还要加强有关移民部门间的配合与协作，落实配套政策，如土地、户籍、就业和子女教育等。

（3）转变经济发展方式并着力构建低碳产业

西部各省份（自治区、直辖市）要大力引进外资和承接东部产业结构转移的战略性调整，坚持以线串点、以点带面，依托交通枢纽和区域中心城市，着力培育经济基础好、资源环境承载能力强、发展潜力大的重点经济区。大力发展低碳现代服务业和服务贸易，进一步强化抑制高耗能和高排放产品的出口政策，努力开发和生产高附加值、低能耗的产品，实现整个产业结构的低碳化。发展低碳西部的重要环节就是发展西部的服务业，特别是西部山川秀美，独具特色，可以通过大力发展旅游业和文化产业等无烟工业、低碳行业来促进发展、保护环境。积极推进工业化和城镇化协调发展，促进产业集聚布局，积极推进重庆、四川成都和陕西西安等区域战略合作，形成西部大开发战略新高地，辐射和带动周边地区发展。

（4）发展壮大循环经济并重点抓好工业节能减排

发展循环经济，应将减量化放在优先位置。减量化需从减少生产环节入手，推进资源、能源的循环高效利用，变废为宝，化害为利。推动低碳社会发展的重要驱动因素是政策制度的创新和制定，研究制定阶梯能源价格机制体制，推进甘肃循环经济示范区和重庆（三峡库区）、贵州贵阳、陕西榆林、宁夏石嘴山、新疆石河子循环经济试点建设，建立城市循环经济发展的基本模式。开展四川六盘水，内蒙古包头、鄂尔多斯、乌海，重庆长寿，甘肃金昌、白银等资源型城市试点，建设一批循环经济示范城市。当前的重点应放在工业节能上，控制高耗能、高排放行业过快增长，加快淘汰落后生产能力；控制建筑和交通能耗的快速增长；推广节能减排市场化机制，扩大主要污染物排放权有偿使用和交易试点，逐步推动碳排放交易市场建设，推行污染治理设施建设运行特许经营；加快节能环保标准体系建设，建立“领跑者”标准制度，促进用能产品能效水平快速提升；探索建立低碳产品标识和认证制度。

（5）将低碳发展理念作为各级发展规划的主导思想

加大宣传，将低碳理念贯穿到人民群众生活的方方面面，将低碳理念引入设计规范，合理规划城市功能区布局；在建筑物的建设中，推广利用太阳能，尽可能利用自然通风采光，选用节能型取暖和制冷系统；选用保温材料，倡导适宜装饰，杜绝毛坯房；在家庭推广使用节能灯和节能电器；在不影响生活质量的同时，有效降低日常生活中的碳排放量。改变原有的生活消费方式，培育全民低碳意识，倡导绿色消费方式，抑制消费主体的高碳消费方式，营造低碳消费文化氛围。政府出台政策和法规，鼓励企业、公民和社会组织实行低碳消费，如加强和重视低碳交通。加强多种运输方式的衔接，建设形成机动车、自行车和行人和谐的道路体系；加强智能管理系统建设，实行现代化、智能化、科学化管理；研发混合燃料汽车、电动汽车等新能源汽车，使用柴油、氢燃料等清洁能源，减轻交通运输对环境的压力。

(6) 积极鼓励技术创新并加大能源、资源的利用效率

从政策上鼓励低碳实用技术的研究、开发、普及和应用，为加快节能减排技术开发和推广应用，我国将组织开展节能减排共性、关键和前沿技术攻关；实施节能减排重大技术与装备产业化工程，重点支持稀土永磁无铁芯电机、半导体照明、低品位余热利用等关键技术与设备产业化；加快节能减排技术的推广应用，加强能源资源的利用效率，努力使资源开采率达到标准甚至更高，做到开发能源与节约能源并举；努力改变能源消费结构，发展清洁能源，从而改善西部地区能源浪费严重、开采过度的现象。西部地区也要充分利用现有的自然资源及自然条件，开发适合自己发展模式的技术创新模式，减少碳排放量，有效缓解能源环境危机。

(7) 建立建设低碳社会的法制保障机制

当前应该加强低碳社会发展法制保障机制的建设，要制定《低碳社会法》，抓紧制定《可再生能源法》与《节约能源法》（已修订）配套规范性文件。要适时开展一些环境和资源领域法律的修改工作，如《环境保护法》《环境影响评价法》《大气污染防治法》《矿产资源法》《煤炭法》《电力法》等，抓紧制定和修订《节约用电管理办法》《节约石油管理办法》《建筑节能管理条例》等，强化清洁能源，从制度上保障低碳西部的顺利发展。

3.3.3 低碳发展类型

建设低碳社会，生态环境的保护不可忽视，西部地区地域辽阔，生态环境的区域差异巨大，为针对区域特点开展科学有效的生态综合治理，我国政府于2013年发布了《西部地区重点生态区综合治理规划纲要（2012—2020年）》，将西部地区划分为西北草原荒漠化防治区、黄土高原水土保持区、青藏高原江河水源涵养区、西南石漠化防治区和重要森林生态功能区五大重点

生态区。

3.4 西部地区低碳社会建设的机遇与挑战

3.4.1 国际环境

从国际形势来看，新一轮技术革命蓄势待发，国际产业分工和贸易格局将会发生较大调整和变化，相应的产业转移将进一步加快。为应对金融危机和气候变化，发达国家大幅增加科技投入，积极进行产业结构的调整和升级，新一轮的产业调整和技术革命将表现出以下特征：一是发达国家进入“再工业化”过程，致力于增强在高端消费品方面的生产能力，将使其服务业超前发展、工业相对薄弱的格局得到一定程度的改变。二是发达国家为抢占未来竞争的战略制高点，在新能源、节能减排和信息技术等若干重要领域，正在酝酿新的突破；新产业、新技术的发展，将会形成各国新的比较优势和竞争关系，促成全球新的产业分工体系，进而影响世界贸易格局。三是发达国家生产成本上升压力加大，信息技术升级换代加速，促使其进一步将一些资金技术密集型制造业（如汽车、钢铁等）以及某些原来限制转移的服务业向发展中国家转移，从而为发展中国家带来新的发展机遇。同时，受世界经济以及国内劳动力成本变化等因素的影响，中国经济进入新常态后，加快对产业结构进行深度优化调整，一部分产业正通过区域转移等路径拓展新的发展空间，西部地区可借机承接一些高端制造业，借此快速构建全新的现代产业体系。

为应对国际经济格局的深刻变化，中国在经济新常态下实施了扩大内需的长期方略，这将使西部地区的发展潜力得到进一步挖掘。当前，全球经济呈现出增长速度放缓、经济结构转型、各国之间竞争激烈及制度改革多元化等多重特征，可能需要一个漫长而复杂的过程，才能实现全球经济的复苏，且前景不容乐观。很多国家，尤其是发达国家为调整国内生产和消费的关系，纷纷出台政策并采取多种措施。随着全球总需求的萎缩，出口导向型国家经济增长的重要支柱面临崩塌，今后出口虽仍会为这些国家经济增长做出贡献，但不再是推动经济增长的主要引擎。而且，当刺激措施的效果逐渐减退而私人消费和投资未能顺利接过推动经济增长的“接力棒”时，各国保护国内市场和争夺国际市场的竞争将日趋激烈，各种贸易保护主义势头将会回升。这些因素必然会极大地挤压中国的外需，在经济新常态下，为了谋求新的经济增长点，一定要充分利用“内需”这架马车拉动经济发展。而西部地区战略资源丰富、投资和消费潜力巨大，扩大内需将十分有利于其发挥后发优势，实现跨越发展。

当前，经济全球化、政治多极化日益加深，扩大内陆开放、沿边开放、向西开放，与包括俄罗斯在内的亚欧大陆国家加强合作和相互开放，是中国经济新常态下的必然选择，尤其是“一带一路”倡议的实施将加快新一轮西部大开发步伐。“一带一路”倡议提出后，西部各省份（自治区、直辖市）都在加紧布局，积极建设国际港务区以及相关保税区，策划内陆自贸区，加快对外开放步伐。通过欧亚经济论坛，陕西省正沟通与丝绸之路经济带各国的联系，并努力创造条件促进欧亚地区合作和丝绸之路经济带沿线城市之间的交流，策划建立省市联动协调机制，并注重与国家战略的对接，促使陕西成为丝绸之路经济带的新起点和桥头堡。新疆以喀什金融特区为实验点，力图在金融资本方面寻求新的开放制高点。目前与欧亚大陆桥及丝绸之路经济带有关的多条铁路已在规划中，其中由库尔勒至格尔和将军庙（乌鲁木齐附近）至哈密、哈密至额济纳（内蒙古）两条线路向东均可到达东部沿海地区；国家发展和改革委员会已批复了银川到西安的快速铁路项目建议书，将来从银川到西安乃至郑州，均可走客运专线。这些基础设施的建成，将使我国东部地区到达欧洲的陆路路径更加便捷和多样化，既可选择北线经由哈密、将军庙，也可选择陇海线、兰新线，或者是库尔勒到格尔木的线路。“一带一路”倡议中的“海上丝绸之路”提出后，更是得到了四川、重庆、云南、广西和贵州等西部省份（自治区、直辖市）的积极响应，并依此积极调整本地区的对外开放战略。

3.4.2 国内形势

我国是世界上最大的发展中国家。但目前经济的发展过度依赖化石能源的消耗，导致二氧化碳排放总量不断增加、环境污染日趋严重等一系列问题，已严重影响经济发展的可持续性。党的十八大报告指出：“坚持节约资源和保护环境的基本国策，坚持节约优先、保护优先、自然恢复为主的方针，着力推进绿色发展、循环发展、低碳发展，形成节约资源和保护环境的空间格局、产业结构、生产方式、生活方式，从源头上扭转生态环境恶化趋势，为人民创造良好生产生活环境，为全球生态安全做出贡献。”建设低碳社会除了应对全球变暖的压力外，还有以下几方面的要求：

第一，我国人均能源、资源拥有量较低。统计结果显示，我国拥有世界第1位的水能资源，第3位的煤炭储量，第11位的石油探明储量。但人均拥有量却偏低，其中煤、石油和天然气分布为世界人均的70%、11%和4%；即使水能资源，人均拥有量也低于世界平均水平。而以煤为主的能源结构在控制碳排放强度方面又处于不利地位。这种先天不足的情况，客观上要求我们加快低碳社会的发展。

第二，我国碳排放总量较大。碳排放总量由4个因素构成：人口数量、人均GDP、能耗强度和单位能耗产生的碳排放量。在我国经济高速增长的情况下，碳排放总量不可避免地逐年增加。根据德国可再生能源研究所的一份报道显示，2013年全球二氧化碳排放量为360亿吨，创历史新高。其中，中国占29%，位居榜首，远超15%的美国。

第三，“锁定效应”。“锁定效应”指的是在事物发展进程中，人类对初始的选择具有依赖性，一旦做出选择，就很难改变，造成了在演进过程中进入一种类似于“锁定”的状态。目前，发达国家已进入后工业化时期，一些重化工等高碳产业正不断向发展中国家转移。如果中国继续采用传统技术，未来需要履行温室气体减排义务时，就有可能被这些高碳产业所“锁定”。因此，我国应及早谋划，避免高碳产业的锁定，努力使整个社会的生产摆脱对化石能源的过度依赖。

3.4.3 发展机遇

尽管建设低碳社会面临着诸多的挑战与困难，但这并不意味着我们就束手无策了。实际上，世界其他国家在建设低碳社会过程中也都有各自的挑战与困难。但各国在分析挑战与困难的同时，都在寻找自身的优势，以推进低碳社会发展与低碳社会建设的进程。而当前我国西部地区低碳社会建设也有几方面优势可以充分发挥利用：①成本优势。这是因为大量的减排技术在西部应用时，其成本低于发达地区。②后发优势。与老的传统工业地区相比，在扩张过程中，建立新企业、新设备的成本要比改造更新旧企业旧设备的成本低，建设低碳经济成本更低。③可再生资源基础条件良好。西部地区具有良好的水电、风电和太阳能发电等可再生能源的发展条件，虽然目前西部可再生能源开发水平较低，但是潜力巨大。可再生能源的开发和利用不仅可以替代煤炭的燃烧，而且清洁无污染，其必然是西部地区建设低碳社会的重要战略之一。④民众环境意识较之20世纪已有很大的提高。进入21世纪以来，我国陆续将建设和谐社会、建设资源节约型和环境友好型社会、大力发展低碳经济作为国家的发展战略。在这样的形势下，民众对环保、节能和绿色生态的重要性有了更深刻的认识，整体环境意识水平较之20世纪已有大幅度的提升，这为西部地区低碳社会建设奠定了良好的思想观念基础。

第4章 西部地区低碳社会建设的重点工作

我国国土辽阔，东、中、西部地区间存在极大的差异性，尤其在资源环境、经济发展、科技支撑和人才素质方面均呈现“东高两低”的空间差异。在西部地区发展低碳经济，构建低碳社会发展模式，不仅需要借鉴发达国家及东部地区的先进经验，更重要的是立足西部地区现有实际，找准发展突破口，制定具有可操作性的发展战略与路径。

一方面，西部地区长期以来发展较为粗放，其现有产业体系能源消耗大，资源浪费多，环境生态破坏严重；另一方面，西部地区经济规模总量不大，加快发展仍是当前及今后一个时期的当务之急。在国家继续推动西部大开发战略的重要机遇期，西部地区必须借助国家战略，科学突破资源、环境和能源等制约瓶颈，走出一条具有西部特色的低碳发展之路。

4.1 低碳能源

4.1.1 西部地区能源资源禀赋分析

西部地区拥有丰富的能源资源，而且种类较为齐全，其中煤、水能、天然气和石油最优。目前，西部地区的煤炭保有储量达到1025.71亿吨，占全国总量的43.41%，尤其内蒙古、陕西和新疆，炼焦煤也居西部之首。同时，西部地区的水能和天然气储量也非常丰富。水能蕴藏量为5.8亿千瓦，占全国总量的82.5%。

从全国资源产出结构来看，西部地区资源、能源相对较为丰富，石油、天然气储量在全国处于优势地位，尤其是可再生能源（太阳能和风能）储量十分丰富。但是西部地区因产业结构和用能结构不合理，工业技术水平较低，当前仍处于以用煤为主的能源生产和消费结构。西部地区尽管化石能源储量丰富，但是总探明率较低，只达到4%（全国总探明率在18%左右）。随着西部大开发的深入发展，西部地区能源生产和消费总量还将继续增加。根据《中国能源统计年鉴》数据计算得出，煤炭生产量从2008年的41 544万吨增加到2014年的165 064万吨，原油生产量从2008年的2263.12万吨增加到2014年的3036.03万吨，天然气生产量从2008年的136.62亿立方米增加到2014年的498.55亿立方米，水电发电量由2008年的1175.58亿千瓦·时增加到2014年的3251.66亿千瓦·时。由此可以看出，煤炭仍旧是主要能源，其生产量远远超过其他能源，从2008年到2014年，各种能源生产呈为较快增长速度。西部地区除了常规能源外，新能源和可再生资源也十分丰富，西部地区的人均新能源和可再生能源资源量为全国平均水平的2倍。西南水电资源充足，西部地区装机容量中水电占45.6%，其中四川电网达到60%，云南电网达到65%，青海电网达到82%，西藏电网达到80%。内蒙古、新疆和西藏等地区还有丰富的风能和太阳能，西藏有丰富的地热资源。因此，西部地区能源生产和消费结构要利用好自身优势，不断优化能源结构，提高能源使用效率，减少能源开发利用对环境的污染，提高可再生资源的利用率，提高化石能源利用技术水平，降低化石能源使用的负面效果，实现能源结构多元化的局面。

4.1.2 西部地区低碳能源发展路径

西部地区的能源、资源非常丰富，特别是天然气和煤炭储量，占全国的比重分别高达87.6%和39.4%。根据有关专家对48种矿产资源潜在价值的计算，西部各省区的人均矿产资源都居于全国前列。在全国已探明储量的156种矿产中，西部地区有138种。在45种主要矿产资源中，西部地区有24种，占全国保有储量的50%以上，另有11种，占33%~50%。西部地区全部矿产保有储量的潜在总价值达61.9万亿元，占全国总额的66.1%。21世纪初已形成塔里木、黄河中游、柴达木、东天山北祁连、西南三江、秦岭中西段、攀西黔中、四川盆地、红水河右江和西藏“一江两河”十大矿产资源集中区。2000年，西部地区的矿业产值分别占其工业总产值和国内生产总值的17.3%和5.97%，分别比全国平均水平高7.09个百分点和1.67个百分点。

攀枝花、六盘水和金昌、克拉玛依等城市已成为地区经济发展中心，促进了地区工业化和城镇化进程。此外，西部地区成矿地质条件卓越，以往地质勘查程度较低，具有巨大的矿产资源开发利用潜力。西部地区还拥有丰富的水能、太阳能、风能、生物质能和地热能等。能源是经济发展的基础产业和战略性资源，同时也是西部地区碳排放的主要来源。因此，大力发展西部地区可再生能源产业，优化化石能源结构，构建低碳能源体系，对于西部地区发展低碳经济具有重要意义。

4.1.2.1 大力推进西部重点地区可再生能源规模化开发

西部地区各个省区，应结合自身实际条件（市场需求、资源禀赋与基础设施发现状况），努力打造具有比较优势的可再生能源产业。

1）加大对黄河上游、金沙江、大渡河、澜沧江和怒江等流域滚动开发力度，形成河流梯级补偿调节能力，由低到高进行梯度开发，继续建设一批西部地区大中型水电项目，确保西电东送及西部地区自身电力需求。在水能资源丰富的地区，结合农村电气化建设和实施“小水电代燃料”工程，加快开发独立离网运行的分散式小水电建设。

2）利用甘肃、新疆和内蒙古等西部地区风能资源优势，按照“融入大电网、建设大基地”的发展方向，持续加大三大大型风电基地建设，包括以包头达茂、乌兰察布吉庆、巴彦津尔乌兰伊力更和锡林郭勒灰腾梁等为重点地区的内蒙古西部风电基地，以甘肃酒泉为重点地区的甘肃酒泉风电基地以及以新疆哈密东南部、三塘湖和淖毛湖为重点地区的新疆风电基地。结合无电地区电力建设，大力发展分散式风电，实现就地消纳和利用。

3）充分利用甘肃、西藏、宁夏、青海和云南等地区丰富的太阳能资源、荒漠化土地资源，组织大规模太阳能光伏电站建设。通过甘肃敦煌、西藏阿里等太阳能光伏示范项目建设示范效用，加快建立形成规模化的国内光伏市场，推动光伏发电技术进步、降低光伏发电成本，促进光伏产业健康发展。在光照充足的西部城市推广太阳能产品利用，以政府机关、商业区、学校和医院等大型建筑为示范重点，建设屋顶光电系统和太阳能热水供应示范工程。此外，兼顾小型分散光伏发电系统和独立光伏系统应用。

4）加大西部地区地热资源的合理开发和综合利用。充分利用西藏南部、云南西部和四川西部地区高温地热能资源，大力发展地热发电，同时，进行地热梯级利用，减少浪费，提高地热利用率。在重庆、成都、昆明、西安、贵阳和乌鲁木齐等中低温地热资源丰富地区，发展地热资源直接利用，包括采暖、温室种植、水产养殖、医疗保健、旅游、工业化工原料提取及瓶装矿泉水开发等。地热资源是可再生能源，同时又是有限资源，其补给过程相当缓慢。因此，要加强地热资源开采管理，限制打井量和开采量，结合地热田具体条件进行回灌实验，确保地热资源可持续开发利用。

5）深度挖掘西部地区农林废弃物生物质能利用。在西部农村地区推广户用型秸秆气化炉使用。在户以上联户居住的村落建立小型沼气池，将生活垃圾、禽畜粪便、秸秆等集中进行混合发酵、供气，推广沼气灯、沼气热水器等产品使用，满足当地居民日常煮饭、取暖需求。依托大型畜牧养殖基地，建立养殖场管道供气、发电示范工程，以满足场内热水供应、部分用电需求，沼液返还农田灌溉。在广西、云南、贵州和四川等生物资源丰富地区，发展生物质能能源产业，在确保粮食安全的同时，提高对木薯、甘蔗和玉米等的利用，开发生物燃料乙醇、生物柴油和沼气等。

6）发展智能电网，提升电力输送效率，通过实现电网互联，建立全国统一、开放、竞争、有序的能源市场，保障能源的地区优化配置。加快推进区域和省级电网建设，发展以信息化、数字化、自动化、互动化为特征的统一智能电网，提高地区间电网电力电量的交换和互相支持，减少发电、输电及配电过程中的电能耗损，提高整体运营效率，保证满足远距离、大规模的电力输送需要。利用成熟的电网技术，允许可再生能源发电进入国家电网，实现可再生能源的优化输配，促进可再生能源的开发利用。

4.1.2.2　促进西部地区化石能源产业优化升级

当前，因西部地区整体技术水平较为落后，化石能源产业发展存在较多问题，主要表现在能源结构不合理，相关配套设施不完善，资源存在浪费等现象。因此，提高化石能源产业集中度，优化化石能源结构，并进行能源产业规模化发展是西部地区构建低碳能源产业体系的必需途径之一。

1）着力培育资源型产业集群，实现规模化发展，凸显集群效应，避免个别城市陷入“资源诅咒”现象。打破地方行政封锁、部门垄断，统筹西部地区各省区能源开发，整合已有能源企业及关联产业资源，组建能源企业集团。具体包括整合陕西北部、宁夏东部、内蒙古西部、贵州毕节、新疆哈密等地煤炭企业以及四川、重庆、陕西、甘肃、宁夏、内蒙古、青海、新疆等地石油、天然气开发企业，建立大型煤炭基地，大型石油、天然气开发及加工基地，在建立资源型产业集群过程中，需坚持西部地区大型能源开发项目由国家垄断性开发，进行集中规模化生产、集群化发展中小型能源项目；在国家政策规定基础上，适度引入竞争机制，注入社会资本，共同开发。严格规范能源产业门槛；坚决淘汰落后分散小产能，如地方性小火电、小煤窑、小油井和小化工厂等。

2）优化西部地区能源产业结构层次，推进能源产业链延伸和扩展。改变以往西部地区大量输出能源上游产品、初级产品及粗加工产品的生产模式，提高能源产品附加值，在传统资源深加工项目上发展煤化工、石油化工和天然气化工等。条件适宜地区，充分利用西部电价低、劳动力成本低的优势，发展电力冶金、电力化学结合，增加能源产业下游产品、高级产品和精加工产品的生产。首先，突破原有能源或关联产业界限，向上下游延伸能源产业链，通过产业链的延长来获取新的价值链，实现产业的成长和扩张，促进能源优势向经济优势转变。其次，西部地区依靠技术进步，培育新兴产业，突破产业链延伸的路径依赖，发展新的能源产业链。例如，神华集团通过煤炭液化、煤化工，形成新的煤炭产业链，实现了产业联动发展。

4.2 低碳产业

相比西方发达国家为维持高水平生活而造成大量“奢侈排放”，我国西部地区的碳排放则主要是为加快经济发展，维持低生活需要的“生存排放”“发展排放”。其中，生产性部门带来了大部分的能源消费及二氧化碳排放。优化西部地区产业结构，发展清洁高效的低碳生产方式，降低生产性碳排放，构建低碳产业体系是西部地区发展低碳经济的核心之一。

4.2.1 推动西部地区农业跨越式低碳发展

西部地区农业发展水平相对落后，加快西部地区化石农业低碳转型，大力发展循环农业、生态农业和设施农业、观光农业，实现农业生产、生活资源高效利用，实现西部农业跨越式发展是西部地区构建低碳产业体系的重要途径之一。

第一，大力发展养殖业，增加农业有机肥料利用，改秸秆燃烧为秸秆还田肥地、秸秆氨化喂畜，使用生物农药替代化学农药，使用可降解地膜替代不可降解地膜。第二，加大对现有农业去石油化改造，淘汰落后农业机械，增加先进柴油机使用。第三，发展立体种植、养殖，充分利用土地、空气、阳光和水等，通过不同类型动植物间养分互补共益，实现增产、节能和减排。

4.2.2 加快西部地区工业低碳改造

西部地区工业碳排放占西部地区碳排放总量的67.3%。因此，改造西部地区传统工业，发展低碳工业集群是当前西部地区建立低碳产业体系的重点。

1）优化工业产业结构，推动高污染、高消耗型产业向资源节约、生态环保的高技术产业转变。首先，依托西部地区优势特色产业发展基础，重点发展能源产业、装备制造业特别是重大装备制造业、国防军工产业以及以电子信息、生物制药、新材料、航空航天为主的高新技术产业，通过提高产品附加值，延伸产业链，促使西部地区企业由劳动密集型向技术密集型、资金密集型转变。其次，严格控制工业生产能耗，提高高能耗、高排放企业市场准入门槛，加速高新技术、低碳技术向传统高污染、高能耗、高排放产业的辐射、改造和渗透，重点促进钢铁、有色金属、石化、建材、电力、轻工、采矿等行业节能技术应用和已有机械设备技术改造，促进节能降耗技术、清洁生产技术和资源回收利用技术的应用，提高传统产业产能，降低单位产出能耗，实现传统产业低碳转型。最后，促进西部地区工业规模化、集团化、专业化发展，各省区因地制宜发展优势产业，相邻地区实施相似园区职能合并、效能整合，跨行政规划构建低碳产业集群，发展规模经济，避免重复性低端建设，提高整体产业集群竞争力。

2）发展循环经济，提升循环经济园区循环经济水平，走新型工业化道路，促进工业领域清洁生产。在工业产业园区严格按照循环经济（减量化、再使用、再循环）原则，建立封闭式资源循环利用通道，减少生产源头的资源使用；改造输出端物品为再生资源，提高产品和服务的利用效率；促进循环工业园区内各企业相互依存，在生产者、消费者和分解者间实现物质封闭循环和能量的多级利用，实现集群的共生和要素的耦合，从而最大限度地提高能源利用效率；建立配套工业垃圾无害化处理中心，最大限度地减少园区对外污染排放，推动整个工业园区低碳发展。

4.2.3 采取措施，促进西部地区低碳服务业快速发展

服务业相比农业、工业而言，对能源的需求相对较少。当前，西部地区服务业发展相对不足，水平相对较低，提高西部地区服务业比重，发展低碳服务业是未来西部地区构建低碳产业体系的关键。

1）加大西部地区服务业投入力度，促进西部地区服务业发展。首先，构建蓬勃发展的服务业需要政府主导，建立多元化的投融资渠道，为民间资本、外商投资创造良好的投资环境，促进民间资本和外资注入服务业。尤其加大对中小企业的投融资力度，解决中小企业资金问题。其次，建立服务业人才储备，保障服务业人力资源供给。加大服务业劳动者培训力度，扩大培训对象及内容范围，普遍提高服务业从业人员素质，充分利用中高等院校资源，重点培养、引进高端服务行业人才。再次，加快智能化、信息化基础设施建设，构建现代化服务平台，完善与服务业相关的金融结算体系、物流配送体系、信息服务体系、加工服务体系以及商品质检体系，积极发展能耗低、增加值高的金融、法律、咨询、商务、会展等知识型、高端型服务业。

2）推动西部地区城镇化进程，提高人民整体收入水平，促进消费者服务性消费需求增加。城镇化水平与服务业发展具有相互促进作用。西部地区城镇化发展落后于工业化发展，且工业发展未对服务业发展形成有效的拉动，制约了服务业发展和就业量的扩大。推动西部地区城镇化水平，有利于提高单位面积人口集中度，从而降低服务类产品的单位成本，提高服务行业竞争力。此外，通常情况下，服务型产品的需求弹性高于实物产品，城镇化发展促进人民整体收入水平上升，会刺激居民对服务产品的消费需求，从而推动服务业更快发展。

3）重点发展西部地区低碳旅游业。西部诸多省份是旅游资源大省，但是旅游产业发展较东部地区发展落后。利用西部地区丰富的自然旅游资源、文化旅游资源，对有西部特色优势旅游业进行内涵提升，实现粗放式旅游发展向低碳旅游转变。严格设置旅游相关场所如购物区、景区、酒店、宾馆等的节能减排指标，加强减排工作监督、检查与考核，尽可能减少旅游活动过程如出行、饮食、住宿、购物、游玩等方面的碳排放。具体包括强化各配套功能区清洁舒适性、禁止一次性用品的使用，遏制浪费风气；倡导景区公共交通、混合动力汽车、电动车及自行车的使用；景区纪念品销售以本地产品、

季节产品及包装简单产品为主；促进景区生活垃圾分类收集以及无害化处理；完善西部地区交通设施建设，开辟东、中部地区大城市与西部地区重点旅游城市航线，在地面交通不便旅游地区，发展支线飞机优化西部地区主要旅游区间公路、铁路网络以及通信网络建设，严格制定交通设施及交通工具碳排放标准，健全低碳旅游交通客运体系，鼓励游客选择低碳旅游出行方式。

4.3 低碳城市

4.3.1 西部地区低碳城市建设经验及发展路径框架

近年来，西部地区在应对气候变化带来的挑战与响应中央提出的低碳城市建立的号召下，在低碳城市建设方面取得了不小成成绩，也总结了很多经验。

广西南宁近年来积极实施“生态立市”“环保优先”战略，集全民之智、倾全市之力推进节能减排，大力发展循环经济，2011 年南宁市万元 GDP 能耗为 0.8016 吨标准煤，达到全国平均水平的 77.52%；并获评“2011 十大低碳城市”，低碳城市建设卓有成效。

陕西西安积极探索交通运输节能减排工作新途径，提出城市慢行交通系统和轨道交通系统的建设，2012 年西安市被交通运输部列为国家第二批低碳交通运输体系建设试点城市。西安市在土地利用上走上集约化的道路，在建设低碳城市的过程中注重城市的规划，紧凑型的城市空间布局在城市规划过程中得到运用，这将从根本上有利于低碳城市的建设。

四川成都在低碳城市建设实践上走在西部诸省会城市的前列，关闭了一大批传统高能耗企业，尤其是煤矿企业。2009 年底，随着成都市最后一家煤矿宣告关闭，成都历史上 500 万吨的煤炭产量最终降为零产量。成都市大力发展新能源、新材料等行业，加快对太阳能、核能、风能、LED（发光二极管）等新能源产业设备的研发和市场化进度，积极推广传统清洁能源的应用；推进生物质能、沼气、地热等再生能源的综合利用，鼓励利用垃圾、余热余压发电。在这一系列具体举措实施后，成都市非化石能源在一次能源中占比显著提高。值得一提的是，成都市将建设“国家能源计量中心（成都）”，它将成为全国第四个、西部第一个国家级的能源计量中心，建成之后能够为成都发展能源产业和低碳经济提供计量检测平台，这将为二氧化碳排放的检测和节能成效的量化提供数据支撑，极有利于未来低碳城市的建设。

目前西部地区在低碳城市建设方面虽然进行了诸多尝试，但主要是节能减排以及低碳宣传等方面的尝试较多，并没有形成一个系统的体系，因此建设成效也极为有限。在低碳城市建设的对策建议上学者们通常是从低碳交通、低碳能源、低碳产业和低碳建筑等方面入手，建议具体而微，但是给人的感觉是零碎而不成体系。一般来说，从能源在经济过程中的输入、转化和污染物输出的全过程来看，低碳城市包含三方面的内容：在经济过程的进口环节实现能源低碳化，也就是利用可再生能源代替化石能源；在经济过程的转化环节通过低碳产业、低碳建筑和低碳交通实现能源利用效率的提高，这两个环节能从源头上减少二氧化碳的排放；而在经济过程的输出环节通过碳捕获与封存技术能够有效地吸收经济活动中产生的二氧化碳，将进一步减少温室气体的排放。从微观层面来看，低碳园区、低碳社区是承载低碳城市建设的基本空间单元，低碳消费行为影响着低碳城市的建设。无论是低碳交通、低碳建筑还是低碳产业都必须落实到微观层面，才具有可操作性。在这一过程中有两种机制作为保障，即市场机制和政府干预。碳排放交易机制的形成以及碳金融通过市场的作用配置资源具有无可替代的优势，而政府财税政策引导对低碳城市的建设同样具有举足轻重的作用。当然，低碳城市的一切措施少不了低碳技术，而且还必须以战略的眼光加以统筹协调，低碳城市规划可以确保目标最大限度的实现。图 4-1 为低碳城市发展路径图。

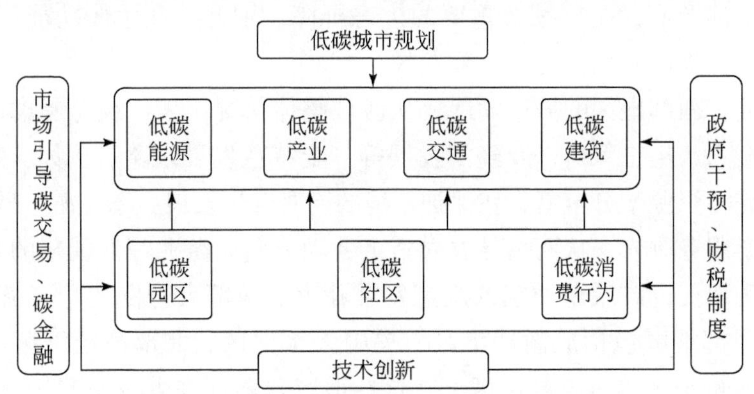

图 4-1　低碳城市发展路径图

资料来源：汪雨，2014

4.3.2 西部地区低碳城市发展路径

4.3.2.1 基于宏观领域的发展路径

首先通过相关规划来统筹安排实现控制二氧化碳气体排放、寻求城市的低碳化发展进而实现可持续发展。英国政府在2003年首次提出“低碳经济概念”，并最早通过《应对气候变化的规划政策》，将气候变化的有关措施落实到土地利用规划上，将气候变化因素纳入区域空间战略。低碳城市规划就是从区域规划层面合理进行能源布局、产业布局、交通布局以及建筑规划等，以最大限度地提高资源利用效率，从而减少碳排放。国外城市如英国的布里斯托尔市就提出了节能目标规划：截至2020年每年减排3%；到2050年，布里斯托尔市的碳排放量减少60%。量化目标有利于目标的实现。低碳城市规划最重要的是根据城市自身的发展现状、潜力和优劣势制定出低碳发展的长远战略、五年规划及近期规划。本书认为西部地区低碳城市规划应该基于以下两个层面。

（1）国家层面

西部地区制定低碳城市规划首先应当考虑本区在全国范围内的区域分工。2011年，《国务院关于印发全国主体功能区规划的通知》的文件中明确阐释了将国土空间划分为优化开发、重点开发、限制开发和禁止开发四类主体功能区。西部地区地势地貌较为复杂：西南地区多山区，地质灾害频发；西北地区受气候的影响，降雨量少，土地荒漠化严重，生态系统脆弱，加之是很多大江大河源头，是国家最重要的生态屏障。因此，在主体功能区划分上，西部大部分地区被划分为禁止开发区。

因此，西部地区的城市发展要从区域整体情况出发，统筹考虑区域资源环境承载力、生态保护以及经济发展等，走特色发展之路。例如，禁止开发区一般旅游资源十分丰富，在保护环境的同时合理发展生态旅游、低碳旅游，增加旅游服务收入，从而引导农村富余劳动力向旅游业等低碳化的第三产业转移，进而促进该旅游城镇的迅速发展壮大。西部大开发“十三五”规划，划定了西部地区包括成渝经济区、关中天水地区、北部湾经济区、滇中地区和兰西格地区等重点经济区。在这些地区普遍存在着资源利用方式粗放，污染排放逐渐加大；虽然拥有自己的优势产业但是产业配套能力较弱；区内城市之间产业同构现象严重，而且中心城市的辐射和带动效应不强等问题。因此，从总体上来看，这些重点开发区域应该采取以下措施来建设低碳城市。

1）优化产业结构，促进产业升级，注重发挥已有产业优势，延长产业链条带动整个行业的发展，形成产业集群；进行技术创新并应用其改造高耗能和高污染产业，提高能源利用效率和治污能力。

2）发展循环经济，提高资源利用效率。在工业园区和开发区建设的规划阶段充分运用循环经济、低碳经济的理念，降低资源消耗和温室气体排放。

3）调整能源结构，提高利用效率。西部 11 个重点经济区是西部经济发展的精华所在，因此在重点开发区调整能源结构，发展新能源和可再生能源，提高能源利用效率，则将在整个西部实现能源的低碳化。

（2）城市层面

由于西部地区还未建立起层次分明、分工合作的城镇体系，人口有向特大型城市聚集的趋势。这些大城市的空间布局规划又多是向心规划结构，典型的如成都市和西安市。规划的弱控制将会导致出行无序和高能耗的结果。例如，成都市由双流、新津、龙泉、青白江、新都、郫县和温江等卫星城市环绕，但是总体上看卫星城市规模较小，资源要素主要集中在主城区，形成典型的单中心结构。经济来往也主要集中在主城区，导致交通极为拥堵。

因此，西部地区城市规划应该积极由单中心的空间布局结构向多中心的组团式城市布局转变，即城市由一个主中心和多个副中心组成，各中心相对独立又各有分工，中心之间通过快捷的公共交通系统连接起来，这种层次分明的结构将大大减少出行的距离。

4.3.2.2 微观层面建设低碳城市

（1）建设低碳产业园区

低碳产业的实施需要一个平台——低碳产业园区。低碳产业园区是承载低碳产业行为和市场行为的空间场所，是推进低碳产品产业化进程和低碳技术应用的载体。低碳产业园区是构成低碳城市的最基本的微型单元之一。发展低碳城市最终落实在低碳产业园区的建设上。低碳产业园区有两个方面的内涵：一方面低碳产业园区通过规划优化园区产业布局，采用清洁能源，实现园区建筑和交通的低排放，利用循环技术提高资源利用效率，减少资源能源的消耗和污染物的产生；另一方面产业园区主要引进新能源等低碳环保产业企业入驻，实现经济的低碳化增长。促进产业园区规范化、集约化、特色化的发展将有利于为低碳产业的发展提供一个优良的环境，并为低碳技术提供一个孵化和应用的平台。西部城市应着重培养一批有影响和带动作用的低碳产业园区，促进低碳产业的发展。在这方面，西部地区积极争取国家层面的支持，取得了不错的效果：①建设国家级的生态工业示范园区，包括重庆永川港桥工业园、西安高新技术产业开发区国家生态工业示范园区、贵阳市开阳磷煤化工国家生态工业示范基地、贵港国家生态（制糖）建设示范园区及包头国家生态工业（销业）建设示范园区等；②建设国家级循环经济产业园区，包括第一批的四川西部化工城、陕西杨凌农业高新技术产业示范区、青海柴达木循环经济试验区及内蒙古蒙西高新技术工业园区，第二批的重庆长寿化工产业园区、宁夏宁东能源化工基地等，低碳产业园区由于概念较新，出现时间较晚，所以当前园区还处于建设和引进入驻企业的前期准备阶段。目前较为有名的是成都高新国际低碳环保科技园、酒泉光伏产业园等。

成都高新国际低碳环保科技园位于成都高新区中和片区，园区由总部办公基地、研发试制区、创新创业孵化区、科技厂房区、科技服务区和综合配套区六大功能区组成，占地500亩，投资40亿元。园区建设运用雨水回收、地下热源等环保技术实现园区本身的低碳化。园区产业定位于以技能减排技术、膜技术、高浓度污水处理技术等产业链为核心的节能环保产业和以分布式供能为核心的智能能源微网产业，着力引进具有较成熟低碳技术的国家化大公司，使入园企业达到85～100家，从而形成庞大的产业链。园区还通过发起设立“成都高新低碳科技产业基金”，投资与孵化入园的中小企业，保障园区中小企业的发展。

根据成都的经验，西部地区在建立低碳产业园区时应从以下两方面入手：

第一，建立统一的低碳产业园区的评价标准，建立碳排放数据的统计和管理体系，实现二氧化碳排放的直接核算。实行准入制，对于二氧化碳排放大的产业园区禁止开发，而对已建成园区通过碳排放检测，对于超标排放的产业园区进行整改，对于低排放的产业园区实施奖励。

第二，大力促进园区的软硬件建设，建立完善的金融投资环境，培育低碳产业人才市场，并配以政府的财政和税收优惠政策，吸引中小企业的入驻，从而建立起以大公司为龙头、中小企业共同发展的低碳一体化产业链条。

（2）建设低碳社区

社区是城市建设的基本空间单元，低碳城市的建设最终落脚点在低碳社区层面。目前国内较有名的低碳社区是中新天津生态城的低碳社区，该社区借鉴新加坡“邻里单元”的理念，一方面建设形成多层次、多元化的住房体系；另一方面制定出台《中新天津生态城绿色建筑评价标准》，建造社区节能节地节水节材的绿色建筑，降低社区建筑能耗。对公共配套设施实行合理布局，满足社区居民在500米范围内获得各种日常服务，减少居民的出行，居住社区由800米×800米的街廊组成，通过步行和自行车系统加以连接，从而减少机动车的使用量，降低交通的二氧化碳排放。目前，关于西部大中城市的低碳社区建设经验几乎为零。因此，有必要参考借鉴国内外著名低碳社区的经验，建设西部的低碳社区样本，逐步实现社区的低碳化。国际闻名的低碳社区首推英国的贝丁顿零碳社区。贝丁顿零碳社区利用清洁能源系统实现低排放。该社区充分利用太阳能和树木废弃物等的生物质发电等清洁能源，不使用煤、石油等化石能源，实现能源零排放。在建筑方面，充分考虑建筑朝向，按照行列式排列建筑，所有的房子都是坐南朝北以获取最大限度日照，在此基础上采用太阳能发电系统实现建筑的太阳能供电。在交通方面，一方面鼓励居民采用共乘的方式减少私家车的使用量，另一方面鼓励居民使用电动汽车和混合燃料汽车，为电动及LPG（液化石油气体）油气双燃料车提供优先路权，在停车场提供电力充电设备等，实现交通的低碳排放。根据入住一年的监测数据，社区居民的电力需求减少25%、热水能耗降低57%，普通汽车行驶里程缩短65%，成为举世闻名的零碳社区。

西部地区低碳社区稀缺的原因主要在于重视程度不够，在低碳城市建设过程中往往注重低碳建筑、低碳能源、低碳产业和低碳交通等宏观领域，对于微观单元的低碳社区关注较少，低碳社区建设还停留在宣传阶段，尚未真正实施。因此，各地政府应该加强对低碳社区建设在低碳城市建设中所起重要作用的认识，引导和鼓励房地产企业的低碳社区建设。在社区建设的规划过程中要考虑到公共设施的配套建设，让居民能够便捷地享受到公共服务；在建设过程中制定出建筑的节能标准，监督房地产建设符合标准的节能建筑；倡导居民绿色出行，减少私人小汽车出行，取而代之以公共交通、自行车或步行出行；在能源的利用上鼓励能源来源的多样化，特别是太阳能和生物质能等清洁能源在建筑和交通方面的运用。最后注意社区的绿化建设，增加社区的绿化面积，发挥其固碳供能吸收日常生活中产生的二氧化碳。

(3) 规范消费行为，实行低碳消费

低碳消费是指消费者选择二氧化碳排放较少的产品或服务。消费者的选择从市场的需求端决定了低碳经济的发展方向。无论是新能源产业还是低碳建筑或公共交通只有被市场认可和被消费者选择，才能不断发展。因此，消费者的行为在低碳城市建设中具有十分重要的意义。目前西部地区城市的低碳消费行为多为政府组织或民间自发组织的低碳生活宣传活动，这对于普及低碳生活理念具有重要作用，但还远远不够。本书认为低碳消费不仅仅是居民个人的行为，它需要整个社会的参与，西部地区应该从以下几方面实现低碳消费方式。

第一，政府和社会组织加大对低碳生活理念和方式的宣传，促进低碳知识的普及，树立消费者的低碳消费理念。目前西部地区城市居民普遍存在的一种消费观念是认为消费的产品越高档就越能代表自己的高品质生活，越能证明自己的社会地位。在这一观念的支配下，面子消费和奢侈品消费之风盛行，导致社会资源的巨大浪费。因此，政府和社会组织在宣传纠正这些错误的消费理念方面是大有可为的。通过互联网、电视、广播、报纸和社区宣传栏等多种媒介，宣传日常生活的低碳知识，以民众喜闻乐见的方式宣传低碳消费理念，营造良好的舆论氛围，引导居民的生活方式向低碳型消费转变。

第二，通过调节税收结构引导居民消费。一方面制定不同消费品的节能低碳标准，对于符合标准的产品进行标识，消费者消费此类产品时可以享受财政补贴，促进此类产品的购买力。目前成功的经验是政府对节能家电的补贴大大刺激了居民对节能家电的消费。另一方面对高碳消费和奢侈品消费课以重税，如提高燃油税、超额用电税和超额水费等，将此类税收收入用于对低碳消费的补贴，引导高碳消费模式向低碳消费模式的转变。

第三，目前的西部地区低碳消费的另一个制约瓶颈在于低碳消费品的缺乏。究其原因，企业生产低碳产品需要采用低碳技术，而现阶段低碳技术处于起步阶段，采用低碳技术会增加产品成本，从企业利润最大化的原则出发，企业不愿意生产低碳产品，因此政府应该鼓励企业的低碳生产，对该类企业实行优先贷款、税收减免等手段，促进其生产。

4.4 低碳建筑

低碳建筑的发展需政府、房地产商与公众共同努力、合作并行。政府方面，从关注建设施工阶段节能向两端延伸，即涵盖土地获取、规划布局阶段的节能到建筑报废阶段的节能。目前，住房城乡建设部正在从新建筑节能监管、北方采暖地区改造、国家机关和大中型建筑改造、可再生能源应用及推动新型材料应用五个方面展开建筑减排工作。房地产商方面，很多房地产企业和企业家在绿色建筑、节能环保等方面取得了相当的成就，并赢得了市场和尊敬。这些企业和企业家设立企业气候变化战略，在减少生产和商务活动中的碳足迹方面努力进行尝试，尽力支持并参与气候变化减缓和适应活动，积极履行企业的社会责任。公众方面，在政府和社会媒体的引导下，低碳环保思想广泛传播，“低碳”成为人们日常生活起居中的热门词汇，低碳环保建筑产品也在市场上受到了群众的广泛欢迎。

但是，我国低碳经济的发展与发达国家相比还有很大差距，低碳建筑的发展也不成熟，还存在许多问题。首先，国家政策的滞后及机制不健全，均在一定程度上阻碍了低碳建筑的发展。目前我国低碳建筑的发展还处于起步阶段，国家有关发展低碳经济、低碳建筑的政策与机制尚处于构想和试点之中，政府也尚未制订发展低碳建筑的相关政策，对建筑能耗大户的碳排放量也没有采取相应的强制性措施和统一标准，亦缺少对低碳排放企业的激励性政策，节能减排工作多靠企业自觉。其次，对于很多开发企业而言，“低碳”目前或许还仅仅停留在概念层面，没有投入应用，或者仅仅依靠“低碳”概念来炒作楼盘，真正意义上建成的低碳建筑还在少数。这与建设低碳建筑的困难性分不开，很多时候，企业难以在建材市场上购得低碳的建材，也缺乏先进技术的支撑，而传统的建造工艺很难从根本上造出低碳建筑，并且低碳建筑还会使开发企业的成本增加。再次，低碳建筑的概念尚未完全普及，社会各界对低碳建筑的认识和理解尚不够深入和全面，在高喊低碳口号的同时，仍保持旧有高能耗、高排放的生产模式、生活方式和价值观念，严重阻碍了低碳建筑在我国的推行。

4.4.1 政府需建立健全相关政策与机制并提供相应发展条件

政府需加紧制定相应的政策与机制，加强在设计、招投标、建造、使用和拆除过程中的全方位建筑节能减排的监管。监管需要有一定的标准，但目前我国还没有形式统一的标准。国际上比较常用的建筑物碳排放计算方法为德国可持续建筑委员会（DGNB）建筑全寿命周期碳排放计算方法，目前还没有其他更为科学、专业的计算方法，我国可以在此计算方法基础上加以改进，以符合我国建筑国情和方便与国际市场接轨。中国要建设和推广低碳建筑，还需要逐步建立自己的数据库，对各种不同建筑材料以及建筑设备等在生产过程中的能耗量做出全面统计和分析，同时进行标识和追踪，为企业建造方案的选择和政府监管提供依据。

4.4.2 广泛采用钢结构建筑取代老式钢筋混凝土结构建筑

钢结构建筑以其自重轻、抗震性能好、灾后易修复、基础造价低、材料可回收和再生、节能、省地、节水等优点，被誉为21世纪的“绿色建筑”。钢结构住宅的造价与传统的混凝土结构基本相当，但其使用面积比混凝土结构住宅多5%，并且两者使用的建筑材料的碳排放量差别很大。据武汉长丰赛博思钢结构工程有限公司的分析计算表明，钢结构住宅，每平方米建筑的钢材使用量为100～120千克，使用的各种建筑材料的碳排放量为480千克/平方米，而混凝土结构住宅的建筑材料碳排放量为7406千克/平方米。在房屋使用过程中，由于钢结构采用节能设计，房屋的保温节能效果好。在房屋最终的拆除阶段，钢结构的拆除只需要较少的人力和动力，而且大量的材料可以循环利用。同时，钢结构住宅有利于住宅产业化，即通过工业化生产的方式建造住宅降低能耗。据统计，如果房地产行业住宅产业化的比例达到10%，每年减少的污水排放相当于10个西湖水的总量，减少木材砍伐相当于9000公顷森林，节约用电相当于葛洲坝水电站一个月的发电量。然而，钢结构建筑在我国整个建筑行业中所占的比重还不到5%，而发达国家却已达到了50%以上。

4.4.3 积极开发新技术并合理采用

我国应当积极吸取发达国家的发展经验，但低碳经济的发展根本上离不开我国自主开发的支持。政府可以投入资金鼓励个人和社会团体开发绿色节能减排新材料和新技术，并提供补助和指导建材和建造企业进行应用。但绿色节能建筑并不一定要使用很多的高科技，也不等同于造价昂贵的建筑和低舒适度的建筑。风能发电、光伏发电等先进技术有时使用起来较为困难，节能减排效果也不一定好，企业应更多地根据施工场地的自然状况，尽量利用自然条件和相应的较为简单合理的技术对建筑物进行建设与改造，如自然通风和保温隔热材料有时可以取代高能耗智能恒温系统，电器可采用目前开发的较为成熟的太阳能电器，使用地热泵和中水处理系统回收再利用等。这些技术较简单，也便于应用，节能减排效果也十分显著。

4.4.4 培养适应低碳建筑发展的专业人才

低碳建筑的发展离不开人才，尤其是设计人才。建筑的具体形态和功能都在设计阶段形成，建筑设计的理念和表现方式直接影响着节能减排的效果。因此，必须在建筑设计方面把好关。政府应积极引导各高校在建筑专业中融入能源、环保和生态课程，举办大型的环保建筑设计比赛，鼓励大胆畅想和发散思维，并在正式职业资格等一系列考核中加入对被考核者低碳环保方面素质的考核内容，从建筑源头上加深低碳环保对建筑从业者的影响。随着低碳建筑逐步推广普及，今后建筑工程师必将成为能源专家、环保专家和生态专家的综合体。

4.4.5 深入普及低碳理念，发挥各方积极作用

对公众进行宣传和教育，让他们能够更为深入地了解低碳的理念，具有低碳生活意识。自觉保护环境、节约资源、降低能耗，缓解气体排放对全球气候变化的影响，在日常生活中为低碳建筑发展做出贡献。鼓励专业化、商业化的能源服务公司参与低碳建筑管理，规范合同能源管理（Energy Performance Contracting，EPC）服务模式，让业主尽量与专业化的能源服务公司合作，分享效益，不仅能够实现双赢，还能得到更好的环保效果。鼓励社会资金向低碳建筑等领域流动，为其发展提供资金支持，实现社会可持续发展。

4.5 低碳社区

近年来，伴随着全球人口数量的暴增与工业的大跨步发展，多数发展中国家面对着来自全世界环境保护者的口诛笔伐，在不断进行开发建设的城市中，用地增长边界的无序扩张慢慢吞噬着有限的自然资源，对自然生态环境的破坏、环境污染问题等亟待解决。自2013年以来，中国全国范围内发生了大面积的雾霾覆盖事件，一时间“PM2.5”“汽车限号出行”“环保抗议”“科学可持续发展”等词汇频频出现在生活中，特别是柴静在2015年2月导演拍摄《穹顶之下，同呼吸共命运》之后，社会各界均频频发出言论并展开了一场激烈的环境保护问题讨论，不惜破坏自然生态环境追求快速的城市发展的时代在慢慢结束。

自改革开放以来，中国城市建设和经济增长以惊人的速度飞快前进，其背后也在遵循着英国工业革命及20世纪美国的高能耗、高污染的技术，对资源进行粗放式的使用，同时这种低效、扩张性资源利用模式也将中国社会的碳排放带入了新高。若保持能源消耗和二氧化碳排放的当前增长速度，2020年我国的能耗量将达到54.59亿吨，二氧化碳排放量则达到126.08亿吨，将分别比2009年增加78%和79%，必然会出现资源和能源供给不足。面对国际社会不断的环保施压，中国政府承诺到2020年国内生产总值二氧化碳排放量比2005年下降40%~45%的碳排放治理目标。在“十二五”规划纲要中也制定了节能16%和减排17%的目标。

西北地区地广人稀，自然资源丰富，可发展价值巨大，伴随着早些年提出的西部大开发战略决策，西北地区逐渐成为实现社会现代化、发展新型城镇化的重要阵地，然而，随着高耗能工业向中西部地区的转移，对中西部地区的节能减排目标的实现构成严峻挑战。中国经济、技术水平呈现出东高西低的梯度分布，在相对较低的低碳技术能效与管理水平的现实之下，西北地区城市的节能目标完成情况较全国明显滞后，这不利于全国节能目标的实现。西北地区相较东部地区，其差距不仅体现在经济发展方面，在整体碳排放量的控制上也存在着一定差异，西部的碳排放总量与人均碳排放量虽明显低于东部，但仍呈现出上升趋势，而能源强度虽呈下降趋势，却明显高于东部地区，说明其在能源结构的改进与能源效率的提高仍有待加强。因此，推动西北地区的低碳发展建设，应规避东部地区高能耗和高投入、高碳排和大扩张的发展模式。

为实现低碳的城市发展目标，自上而下的政策管理和自下而上的规划建设须并行，而作为城市发展建设中的最基本单元"社区"正是构建低碳城市发展的重要切入点。"低碳社区"是通过构建气候友好的社区自然环境、基础设施、人文环境，形成绿色低碳的生活方式，实现低碳排放的城乡社区。黄文娟等（2014）对低碳城市社区的定义是："较高的能源使用效率、紧凑的空间结构、居住建筑低能耗、公交系统和步行优先于小汽车使用、社区居民低碳环保意识和生活方式一致以及有效的公众参与能力。"可见，低碳社区的建设更加趋向对于人们低碳意识的提升以及低碳文化和低碳生活方式的推广，具体涉及集约的社区空间、低碳的业态构成、绿色的交通和建筑、环保的消费观念以及创新的低碳技术等方面。

十八大新型城镇化的提出，低碳环保的城市规划建设成为其重要的组成部分与核心内容。而西北地区的城市面对自身生态环境脆弱，气候条件寒冷、干旱等问题，加之城市建设管理水平滞后，相关的规划在很多情况下都成为一张"蓝图"，很难得以落实。近些年的西北地区城市建设中，同质化现象明显，规划方式粗暴，时常出现规划脱离地域本土特质以及实际的生产、生活需求，丧失了文化核心特色，更加剧了社区层面规划实施的难度。

低碳城市社区作为建设低碳城市的基本单元，需要政府相关部门与当地居民的共同支持，对于低碳城市社区的建设，地方政府引导、扶持力度不足、居民低碳意识薄弱、社会观念落后，规划设计人员多将"低碳"的规划理念作为噱头，然而在后续的规划实施建设中却往往忽视了地域适宜性，使得低碳的城市社区建设多成为纸上谈兵。目前我国关于低碳城市社区的规划研究与实践相对较少，大多借鉴国外的低碳城市社区建设经验，缺乏针对地域适宜性的低碳措施，难以有效指导低碳城市社区的开发建设，为未来的城市社区低碳化发展造成诸多阻碍，因此城市低碳社区规划的适宜性规划策略研究是极其重要的。

4.5.1 合理运用政策工具，重视政策执行与创新

我国正在探索一条符合国情的低碳发展之路，特别是在已经启动的社区

低碳化与城市低碳社区建设的试点工作。低碳发展的不同领域政策源自中央政府，由国务院所属的节能和可再生能源主管部门制定，但政策执行的机构和机制不同。节能政策的执行主要是由各级地方政府和重点用能单位具体执行和实施。各级地方政府及行政体系是节能政策执行体系的基础。自上而下形成的节能政策执行模式为：中央政府通过目标责任制驱动地方政府，上级政府监督下级政府，地方政府监管重点耗能企业，自上而下共同推动节能政策的实施和节能目标的实现。这种政策模式的特征在于：地方政府是政策执行体系的核心。地方政府及其管辖企业的结合使中央政府的政策得以贯彻实施。中国低碳发展的政策执行模式的发展、演变和制度创新的尝试对于目前和今后一个时期中国的绿色发展、循环发展和低碳发展政策制定及制度建设具有重要的启示。

4.5.1.1 应对气候变化是我国进行低碳立法的良好契机

目前，欧美发达国家为了应对温室效应正趋于发展低碳经济，我国可以从这些经验中得到好的启示。《联合国气候变化框架公约》是实行低碳立法的良好契机。必须综合整体进行总体规划，注重低碳产业的愿景，绘制低碳经济的蓝图，也要制定出实施低碳经济和节能减排的具体可行的目标。在明确战略目标后，需要将总的目标和任务分解为阶段性的目标和任务，同时注重法律法规的可操作性，并对于新能源发电、天然气进口、小轿车废弃排放、绿色就业及家庭清洁能源等实行目标细化。建立完备的政策机制和配套的保障措施是实现社区低碳化和城市低碳社区建设双重目标的重要措施。

4.5.1.2 注重环保与低碳立法的结合，实现低碳经济和环境保护的双赢

化石能源不断减少、国际油价成本不能降低、传统的能源对环境有很大危害、逐渐扩大的生态破坏等现实问题，使低碳经济成为我国的必然趋势。由“高碳”到“低碳”保持经济持续增长与保护生态环境相辅相成。虽然低碳化是倡导保护环境的一种方式，但是将低碳化收录到环境法体系中是正确的选择。低碳立法不可避免地会涉及汽车废气、家庭太阳灶、氟利昂的排放、煤炭发电、植树造林和增加碳汇等许多方面，为达到环境保护的目的，在低碳产业的发展中，应对相关法律法规政策进行适当的调整。

4.5.1.3 合理利用市场杠杆，施行碳排放交易制和动态碳税制

市场机制的作用被发达国家借鉴到低碳立法的过程中，特别是美国甚至

制定了先进且完善的碳排放交易制度，对排放上限进行权力管理。我国已经开始对碳排放权交易进行探索，在北京等几个主要城市实施试点，但尚处于起步阶段，还没有形成全面而系统的市场交易体系。我国的低碳立法，应该借鉴国外的先进经验和教训，明确规定由于市场机制所导致的行为，并且结合我国的试点情况，加强完善碳排放限控、交易机制，同时规范合同能源的管理制度的法律化。在有效发挥市场机制的作用下，加快碳税的立法脚步，建立起碳税制的动态性，最终使碳排放额度与税率指数化。为加快完成向低碳经济的转化，碳税在节能减排中的作用不容忽视。

4.5.2 西部地区发展城市社区低碳建筑的行动方案

4.5.2.1 强制性政策

（1）制定碳排放强制性标准

政府不仅要用法律手段对低碳建筑进行控制，还要根据各个地方的不同情况、不同阶段实时地制定相关政策，不断推进新的低碳建筑标准，制定符合本地区发展的低碳建筑技术标准和节能降耗标准。

（2）限制淘汰不符合低碳要求的产品和技术

现阶段，影响低碳建筑发展的主要因素还是低碳建筑对落后产品的使用和产品技术的不成熟。政府部门要及时地修订技术标准和技术规范，并形成一种制度标准。加快推广新型低碳建材的使用，淘汰落后的产品和技术。

（3）完善碳标签识别体制

加强普及低碳建筑标识，利用在低碳建筑节能、节水、节材等方面的具体测评数据，使低碳建筑从一个简单的概念转化为量化的方法，倡导建设更加高效的建筑，鼓励用户选购节能高效的建筑。通过这些措施，既能达到限制低效产品、激励高效产品、占领市场的目的，还能在低碳建筑激励措施的制定上提供可定量指标及衡量指标。

（4）建立健全低碳建筑法律法规体系

完善低碳建筑的法律法规体系及行业准入标准，构建合理的评价评估体系。在制定法律和政策时，增加低碳建筑方面的内容，增加对能源、土地、水资源和材料节约的硬性规定，提高各方利益主体参与积极性。建立低碳建筑评估、认证、标准等体系，逐步形成一套内容配套、体系完整的低碳建筑法律法规和政策体系。

4.5.2.2 经济激励性政策

(1) 设立低碳建筑发展专项资金

促进低碳建筑的发展经济激励工具，依靠各级政府财政设立低碳专项资金。将其分为两类：一种是直接用于低碳政策相关的专项资金，另一种是基于节能减排等相关工作的专项资金。设立该专项资金的原因在于当前节能减排和新能源利用等财政资金申请渠道不同且应用领域具有很大差异。该低碳建筑发展专项资金的设立将极大地促进低碳建筑的发展。

(2) 税收政策

低碳税收政策有两种：一种是税收优惠政策，另一种是强制性税收政策。对符合低碳标准的企业实行税收优惠政策。对符合标准的低碳建筑给予税收优惠政策实际上是降低了低碳建筑产品生产者的成本，从本质上说，税收优惠政策与对低碳产品生产者进行补贴是相同的。对普通的非低碳建筑实行适当的强制性税收政策，对碳排放高的建筑实现高强度、高标准的收费政策。

(3) 补贴政策

补贴计划有两个目的：一是促进环境保护目标的实现，二是帮助可能因为污染控制系统额外的资本需求而在现金上遇到问题的厂商。对低碳建筑产品的生产者进行补贴。政府可以建立低碳建筑专项资金，奖励具有合理低碳减排行为的低碳建筑开发商；在审批环节上，对低碳建筑的设计理想、规划审批和土地供应等问题进行优先考虑；还可以返还部分建设规费。采取这些补贴措施，增强生产者的积极性，引导和激励企业的行为方向趋于低碳减排，弥补企业采取降低污染物排放后产生的成本消耗，提高资源配置的效率，扩展企业的生产领域。对低碳建筑产品的消费者进行补贴。消费者的需求是影响企业开发的关键。政府对消费者的这种补贴其实是对低碳建筑产品的生产者进行间接补贴，刺激低碳建筑产品消费。两种结合可以极大地促进低碳建筑的发展。

(4) 软贷款

政府须积极地加以引导和鼓励，用软贷款的方式以低于市场利率的利息或无息贷款，提供给哪些采取措施降低建筑碳排放的企业。同时，由于发展低碳减排的投资数额较大，只有长期稳定存在的经济实体，才愿意投资低碳建筑的发展。因此，政府应建立相对稳定的低碳政策和相应的扶持政策。

4.5.2.3 提高社区低碳化和城市低碳社区建设的公众参与度

有效地提高社区低碳化和城市低碳社区建设是一个亟待解决的社会学问题。其深层意义在于培育居民低碳生活的共同意识，把低碳从政府机构推行的工作转化为社区内部居民自觉参与的行动。当我们寻找和解决社区低碳化和建设低碳社区的非政府、非企业主体时，社区所应发挥的作用具有很大的挖掘潜力。社区组织具有居民自治和生活互助的社会性格。社区居民之间容易建立交际关系，建立起生活共同体，对居民的社会行为发挥着重要的制约作用。社区居民完全以主体地位可以参与到社区建设。当前，社区公众参与程度还比较低，提高社区居民的公众参与成为需要解决的任务。

(1) 强化政府市场导向，增强公众低碳理念

公众低碳理念的养成和加强，既是促进低碳社区建设的有效手段，又是实现节能减排、提高生态文明和推动城市可持续发展的重要内容。在我国公众低碳理念认识水平还不高的情况下，政府的培养和引导起着关键性的作用，低碳理念融入政府的机制设计和管理创新对低碳社区建设起到推动作用，可以通过新闻媒体、发达的网络、广播等方式进行宣传引导，从而提高公众的低碳意识。为完成我国低碳社区的快速起步和平稳成长，首先要增强居民的低碳环保意识和培养社区生态文化。低碳地产和低碳生活方式是实现低碳社区建设的关键和目的。政府为了提高低碳地产价值体系的社会认同性，可以通过财政投入、宣传激励、规划建设等手段来实现，使得低碳产品、低碳技术和低碳服务市场化，为社区建筑的研发设计部门、企业、居民等提供保障。逐步改变城市高碳的消费和生活模式，形成建设低碳社区的社会氛围和舆论环境。

(2) 培育社区自治组织，增强公众参与意愿

提高社区的自治能力需要培育出社区自治组织，以此来提高居民参与社区公共事务的热情和意识。建立激励机制，使居民在参与过程中明确利益得失，只有居民具备了主体意识，才会主动参与；引入低碳领域的非政府组织，可以提升居民参与社区低碳化和城市低碳社区建设的意愿和热情；挖掘公众参与的潜力可以从社区内的物质、行为、制度和文化层面深入；实现社区间各种资源的优化整合和有效利用，建立起社区之间互相交流的平台，提升社区自治能力和管理水平；将低碳宣传教育的成果作为居委会工作考核的测评标准；充分调动自治组织的工作热情和责任意识；普及低碳社区建设的背景、

意义和具体工作要求；促进低碳社区的日常运行和管理；培育居民的共同性，激活居民的公共意识，使社区居民的主体地位得到充分的发挥，提高居民的参与积极性。

(3) 开创公众参与新方式，加强低碳社区建设

政府充分运用规划指导和政策扶持等手段，引领和推动社区低碳化和城市低碳社区的建设，与企业、社会三位一体，建立符合低碳发展要求的生产体系和开发模式，为了提高公众的低碳理念，营造低碳建设氛围，建立公众参与机制，应该在内容上和方式上开创一些有亲民性、互动性等调动居民参与的活动。引导全社会广泛参与，整合社会低碳教育，搭建学校、企业和社区的沟通平台，以社区为活动载体开展有利于深化低碳理念的活动。通过扩大居民的参与面，使居民的消费模式和行为方式都能从自身开始有所改变，并且最终使低碳理念和日常生活融为一体，使居民更方便、更快捷的知道世界各地的低碳社区建设状况；还可以运用网络新媒体微博、微信和论坛等分享和宣传低碳知识；建立舆论监督机制，夯实低碳发展的群众基础。

4.6 低碳交通

全球气候变暖已经成为威胁人类生存，亟待人类共同努力来解决的严重问题。人类活动是气候变暖的主要原因之一，特别是源于化石燃料的使用导致的人为温室气体排放。气候变化给我国的气候、环境和发展带来严峻挑战。人类采取减缓气候变化的行动在经济和技术上是可能的，通过部署各行业关键减缓技术、采取政策和行政干预、改变发展道路等能够对减缓气候变化做出重大贡献。

从世界范围看，交通运输是碳排放源的主要领域之一。全球二氧化碳排放量约有25%来自交通运输，美国的大气污染50%来自运输工具，在未来的25年内全球交通源二氧化碳排放还将增加57%，发展中国家的汽车行业的排放增长将占到80%。在当前中国机动车快速增长的前提下，倡导、发展低碳交通至关重要，低碳交通是实现节能减排、发展低碳经济的重要组成部分。

低碳交通是一种以高能效、低能耗、低污染、低排放为特征的交通运输

发展方式。“经济发展，交通先行”，城市交通是城市社会经济发展的基础。伴随着城市交通的发展，我国城市交通能源消耗与日俱增，温室气体排放形势日趋严峻。发展低碳交通、建设低碳新型城市交通体系将是我国城市交通规划与建设领域未来一段时期内的主题。

本书认为，西部地区未来城市交通的发展目标应该是建立以“公共交通+自行车+步行”为主体的高效低碳城市交通系统。要实现这一目标，必须通过合理的城市规划，避免或减少冗余的交通出行需求，切实落实公交优先政策，发展轨道交通，引导小汽车合理使用，鼓励低能耗、高能效交通工具的使用，优化城市布局、土地利用和提高道路系统的合理性及其使用效率等方面出发，不断完善交通系统，保障优先发展公共交通，实现城市交通低碳发展的目标。

4.6.1 政策层面的对策建议

4.6.1.1 优先发展公共交通

无论是从城市土地利用、环境保护的角度，还是从能源消耗、尾气排放的角度考虑，公共交通都有着其他交通方式所不具备的优势，优先发展公共交通对于实现城市低碳交通具有重要意义。

(1) 大力发展城市轨道交通

轨道交通作为城市交通的主动脉，具有运量大、效率高、用地省、低能耗、全天候、噪声低、污染少和安全舒适的特点，并且在促进经济资源优化配置，引导城市布局和土地开发等方面的作用日益凸显。城市轨道交通属于绿色环保交通，对大幅降低城市碳排放量，促进城市实现低碳交通具有极其重要的作用。这是因为，一方面城市轨道交通通过替代其他交通方式，提高了交通效率，总量上实现碳排放的减少；另一方面，发展城市轨道交通从消费者出行时间与空间的节约上实现减排。因此，在我国大城市大力发展城市轨道交通将会有效满足低碳交通的发展方向，是我国低碳交通建设的重要组成部分和必由之路。

然而，地铁、轻轨等城市轨道交通的建设，耗资巨大，并将带来城市格局、规模和功能的演变，在实际运营中，必须合理规划，与公交、自行车、步行、出租车等多种交通方式有机结合，协调运营，促进交通运营的多层次和多元化，公共交通才能最终实现集约、畅达、低碳化和绿色化。

(2) 公共交通补贴政策

城市公共交通的公益性决定了其存在的重要目的是为了向城市居民提供更好的公交出行服务，更重要的是其带来的巨大社会效益，故不能完全按照市场经济体制下企业运营机制对其进行运作；从交通出行成本的外部性来看，公交出行分担了小汽车出行的部分外部成本，对公共交通的补贴政策能够非常有效地影响居民出行方式的选择。综合考虑公共交通的社会公益性和公平性，政府需要加大财政补贴力度来扶持公共交通的发展。

(3) 提升公交服务水平

通过科学规划和建设，加强对道路空间的隔离，以保障公交专用路权的实现，合理布置公交线网，布设站点靠近居民小区或开通社区巴士，使其线路运营与客源吸引量达到最优，同时考虑非机动步行与自行车换乘和机动车换乘，改造专用基础设施，如改造公交站台增大站台容量，加强换乘枢纽建设，为停车换乘体系的发展打好基础。公共交通开始向城郊延伸，向周围县、农村提供城市公共交通，方便群众出行。此外，公交无障碍设施建设逐步加快，大大方便残疾人等弱势群体的出行，最大限度地吸引公交出行客流量。

4.6.1.2 引导小汽车合理使用

(1) 停车管理政策

停车管理政策是调整交通流分布、引导交通出行者利用其他交通方式出行的重要手段之一。

停车供给策略是城市交通节能、降低机动车排放的重要手段。加强城市停车设施的规划，确定停车设施的位置、数量和规模对实现城市低碳交通具有重要意义。停车车位不足会影响城市经济的快速发展和机动化，导致小汽车行驶里程陡然增加，从而增加了大量不必要的能源消耗；停车车位过量又会造成资源浪费和部分区域新的拥堵。据有关研究成果的宏观分析结论，城市中每增加一辆注册车辆，就应增加 1.2～1.5 个停车位，停车位的合理状态为1∶1.5，即每辆车有 1 个泊车位，外加 15% 的周转量。停车车位的大量设置又会占据宝贵的城市地面资源，故停车场应结合交通枢纽车站设置，方便换乘的交通充分发挥立体发展的优势，节约城市土地资源。

停车收费政策是影响出行者选择交通方式的一个重要因素。地方政府、规划部门和相关决策者都应该把停车收费作为当地交通需求管理、实现抑制小汽车出行的一项重要举措来考虑。停车收费制度对减少小汽车出行，提高其他交通方式如公共交通出行比例，缓解城市交通拥堵和减少交通温室气体排放都具有重要意义。

提高停车收费的有效性首先要分时分区制定合理的停车收费价格标准，当出行者明确知道其目的地的停车费用高出自己的期待值时，会考虑采用其他有效且更经济的出行方式；其次是降低小汽车出行者交通成本的负外部性，实现不同交通方式出行的公平性；最后要提高其他替代交通方式的价格和服务水平。

（2）小汽车限行政策

对部分商业繁华地段实行小汽车禁行，以创立无车区或者步行街等形式，通过各种隔离措施将机动车道与禁行区强制隔离开来。

将车牌的尾号特征作为分类依据，在一周的某几天，限制某类车辆在特定区域道路上行驶。例如，部分城市实行单双号限行政策。

拥堵收费制度，即进入城市内部特定区域通常是市中心等拥堵区域的小汽车必须按相关规定缴纳一定的道路使用费，作为一种交通需求管理措施正日益受到世界上各大城市的广泛关注。拥堵收费可以缩短出行时间，减少总社会成本以及降低总污染排放水平等。车辆行驶速度的提高，使得出行可靠性得到改善及其他外部成本的减少，促使部分小汽车出行者向公交车出行转移，提高公交出行分担率。此外，这种收费政策也能产生一定财政收入，这部分资金可用于改善当地交通系统服务水平，补贴公交出行和非机动车出行，降低小汽车出行的负外部性，实现社会公平性。需要注意的是，小汽车限行的各种措施在实施过程中容易引发各种争议，可以作为远期措施考虑，现阶段仍应以停车需求管理作为控制小汽车滥用现象的主要手段。

（3）鼓励低能耗、高能效交通工具的使用

鼓励低能耗、高能效交通工具的使用是国际上流行的应对日益严峻的能源形势和环保压力的重要方式之一。大力发展新型的低能耗、高能效交通工具，如发展新能源汽车，许多国家将发展新能源汽车作为提高产业竞争力、保持经济社会可持续发展的重大战略举措，这也是依靠技术进步实现节能减排的重要方面。

一般来讲，新能源汽车包括以纯电动、混合动力、燃料电池、氢发动机及其他新能源等为动力的汽车。目前纯电动车和少部分的混合动力汽车是现阶段政府重点示范推广的两种车型。从节能效果来看，纯电动汽车和混合动力汽车能够实现综合节油，相应排放量也将大大降低，因此如果大力发展新能源动力，必将取得很好的节能减排效果。

(4) 居民出行时空分离

针对通勤时段出行高峰情况，应积极推广错峰上下班等弹性工作制策略，起到“削峰填谷”平衡出行作用。弹性工作制，顾名思义，就是企业根据自身实际情况制定灵活的工作时间制度，以调节员工上下班的时间。这项制度可以影响员工的通勤交通方式的选择，可以有效缓解城市交通高峰时段的拥堵压力，同时改善区域空气质量及减少交通温室气体排放。

在已有的实践中，弹性工作制主要表现为三种形式：错峰上下班、压缩周工作日和弹性工作时间。到目前为止，国内还没有一个城市具体实施弹性工作制，仅仅在北京、上海等大都市召开国际性会议或者举办大型活动时实施一种类似临时性的交通管制，各单位合理调整上下班时间，错开交通高峰时段，效果显著。因此，有必要研究探索将弹性工作制作为长期政策实施。

4.6.2 规划层面的对策建议

对西方国家城市交通的研究结果表明，城市空间结构的锁定作用对城市交通所需要的能源及二氧化碳等温室气体的排放具有不可逆的影响，若不采取有效的规划策略，石油资源供应的不确定性和环境问题都将会成为城市发展的制约因素。

交通系统支撑城市功能和空间发展战略的实现，应高度重视非机动交通系统以及交通与土地利用的整合规划，同时交通规划设计要与周边的用地性质相协调（图4-2）。

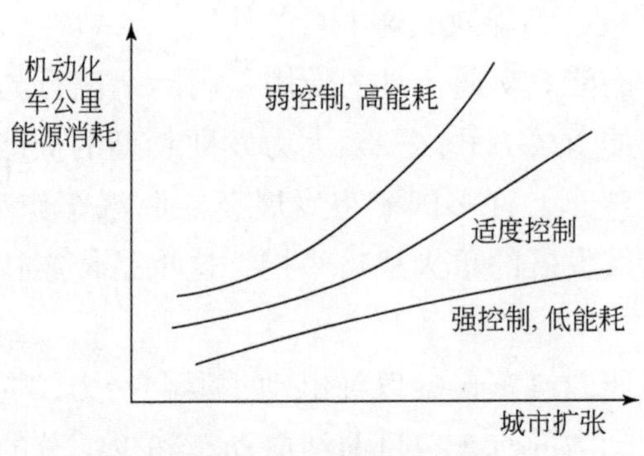

图4-2　城市扩张、能源消耗和规划控制

(1) 公共交通引导城市土地利用

在城市规划中利用公共交通引导城市土地利用，实现交通与土地利用整合发展，阻止城市无序蔓延。应提倡城市紧凑布局、混合使用的用地形态，提供良好的公共交通服务设施，提倡高强度开发以鼓励公共交通的使用；为步行及自行车交通提供良好的环境，实现无缝衔接、零距离换乘，从而提高公交车出行的吸引力和竞争力。表4-1为土地利用设计对出行影响。

表4-1　土地利用设计对出行影响　　（单位：%）

土地利用设计	减少机动车出行比例
公交中心周边环绕居住区	10
公交中心周边环绕商业区	15
公交走廊沿线布设居住区	5
公交走廊沿线布设商业区	7
公交中心周边环绕混合居住区	15
公交中心周边环绕混合商业区	20
公交走廊沿线布设混合居住区	7
公交走廊沿线布设混合商业区	10
居住区土地混合利用	5
商业区土地混合利用	7

提倡城市土地混合使用和密集开发。交通出行的方式和目的地的选择与城市的空间结构或土地使用布局有关。特别是在范围内的土地使用对人们日常活动具有很重要的影响。充分考虑西部地区具体情况，从城市规划过程起就设定一定的密度，坚持走建设高效“紧凑型”城市的发展道路。所谓“紧凑型”城市，就是强调混合使用和密集开发的策略，使人们居住得更靠近工作地点和日常生活所必需的服务设施。紧凑型城市不仅包含着地理的概念，更重要的在于城市内在的紧密关系及时间、空间的概念。其主要内涵包括减少出行距离，降低出行次数，避免单一的土地用途等。

城市布局强调土地混合使用，争取达到就业与居住平衡，减少居民的出行距离和时间，并且能够满足居民多样化的活动需求。目前，一个个“产业开发区”的仓促审批、建设，缺少配套居住社区，侵占了大量城市土地资源，在带来就业岗位的同时也引起了大量工作出行；一座座城市边缘住宅区的兴建，缺乏统筹规划，土地混合开发力度不够，往往从建成那天起就成了“卧城”的代名词，由此造成的“潮汐式”交通问题相当严重。因此，必须强化城市规划，强调工业园与居民区统筹规划建设。居住区与居住人口数量、工业园规模相配套，同时居民区也要求按照千人指标来配置公共服务设施，包括教育、医疗卫生、文化体育、商业服务、金融邮电、社区服务、市政公用和行政管理等设施。

（2）重视非机动交通系统规划

一个与城市发展相适应、与公共交通一体化、无缝衔接的安全、舒适、方便、高效、低成本的慢行交通系统，有助于打造舒适、健康、可持续发展的高品质城市。

规划自行车路网与城市规划布局和道路网络相协调，与自行车交通出行分布相一致，满足近、远期自行车交通发展需求。规划应重点解决城市中心区东西向、南北向的自行车交通，建立主要居住与就业、商业间的联系道路。通过不同等级自行车网络的系统组织，构筑便捷、安全、舒适的自行车道路网络主骨架；改善自行车交通出行环境；通过交通组织和管理措施，开辟部分早晚高峰自行车优先路；疏解中心区自行车交通，减少交通流量较大的交叉口的机非干扰。

依据城市总体规划、城市交通发展战略和交结合城市现状及规划道路，综合考虑城市规模、性质、结构形态和用地布局，以及自行车交通量的分布和自行车交通在城市客运结构中的地位变化，在规划自行车道路系统的路网形态、道路等级、类型和技术指标等方面为远期城市交通的发展留有余地。

协调自行车交通与其他交通方式在道路设施和运行组织上的衔接关系，应重点建立自行车交通与公共交通的换乘体系，解决好换乘点的停车问题。规划自行车道路网应满足自行车交通需求，特别是市民上下班的出行需求，使规划路网的布局与主要交通流向相一致，缩短自行车出行距离，充分发挥自行车主通道的运输效率。通过实施必要的机非分离措施，减少自行车交通与其他交通运输间的相互干扰，形成结构清晰、功能明确，具有一定连续性和可达性的自行车道路网络系统。自行车优先道路的设置应与城市土地利用相结合，与城市环境相协调，在满足交通功能的同时，创造良好的城市空间环境。自行车道路网规划应为自行车交通的组织与管理创造有利条件。

第 5 章

西部地区低碳社会建设的战略选择

中国广袤的幅员和复杂的地理环境，造成了近代以来形成了东部发达地区和西部欠发达地区两个经济性地理概念。在东部地区，以北京、上海、广州等国家中心城市为代表，其人均能源消费水平已经超过 4 吨，人均二氧化碳排放量接近发达国家水平，其占全国 81.4% 的国民生产总值的经济规模，完全可以支撑率先启动低碳经济发展研究和实践，上海低碳社会发展、天津低碳试验区、广东低碳产业体系的建立均是典型最佳实践，在实施低碳经济转型方面又一次走在全国前列（曹清尧，2013）。

按国家区划，西部地区整体包括 12 个省（自治区、直辖市），土地面积为 687 万平方公里，人口约 3.7 亿。西部地区蕴藏着丰富的石油天然气能源、矿产资源、森林资源和旅游资源等，在全国功能区划中，承担着能源基地和环境承载的巨大作用。图 5-1 为西部地区能源资源占全国比重。

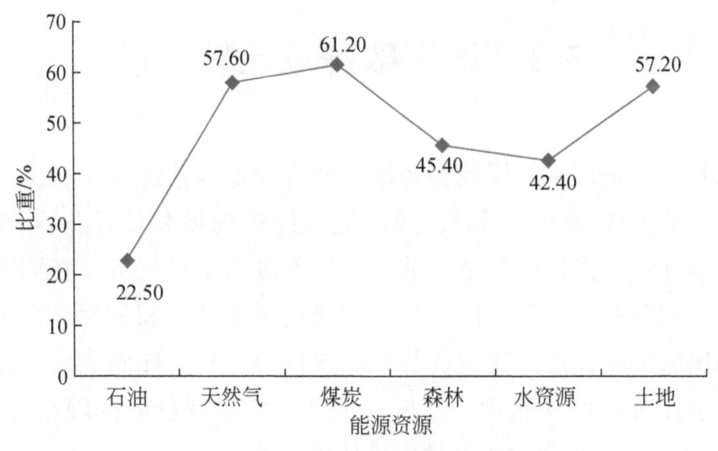

图 5-1　西部地区能源资源占全国比重

尽管国家“西部大开发”战略的制定和实施有力地推动了地方经济的发展，但从总体上来看，西部地区仍处于工业化、城镇化、农业现代化的初期阶段，人均生产总值较低而人均碳排放量较高的阶段，面临更为突出的产业发展和低碳经济建设任务。2015 年，西部地区实现国内生产总值（GDP）14.55 万亿元，全社会固定资产投资 13.74 万亿元，城镇居民可支配收入 26 088元，农村居民人均纯收入 8914 元，另外西部地区还生活着 3476 万贫困人口。图 5-2 为 2015 年西部地区社会经济发展现状与全国平均水平比较。

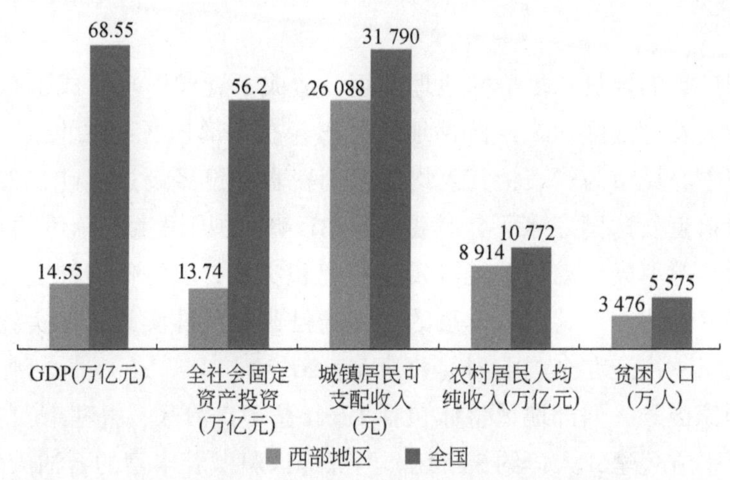

图 5-2　2015 年西部地区社会经济发展现状与全国平均水平比较

5.1　地区碳排放比较分析

西部地区长期以来发展较为粗放，现有产业体系能源消耗大、资源浪费多、生态环境问题突出；同时，西部地区经济规模总量仅为全国的 22% 左右，进一步加快经济发展仍是当前及今后阶段的重点任务。在国家继续推动西部大开发战略和“一带一路”倡议实施的重要战略机遇期，西部地区应尽可能借力国家战略，发挥比较优势和后发优势，科学破解资源、能源和环境等制约经济社会发展的瓶颈，选择一条具有西部特色的低碳经济发展之路。表 5-1 为 2000 ~ 2011 年中国区域碳排放量比较。

表 5-1　2000～2011 年中国区域碳排放量比较　　（单位：万吨标准煤）

年份	东部	中部	西部	全国
2000	40 787.48	28 761.74	18 782.09	88 331.31
2001	42 602.96	29 859.23	19 530.29	91 992.48
2002	45 680.61	32 540.83	21 438.75	99 660.19
2003	51 544.76	36 286.02	25 646.26	113 477.04
2004	60 177.01	41 905.74	30 538.03	132 620.78
2005	70 823.85	48 796.06	34 833.91	154 453.82
2006	77 040.48	53 245.20	42 526.35	172 812.03
2007	84 641.70	57 280.00	43 518.05	185 439.75
2008	87 379.22	58 517.37	47 161.40	193 057.99
2009	91 206.45	60 273.09	51 847.01	203 326.55
2010	99 274.28	65 738.39	56 959.20	221 971.87
2011	107 759.64	73 191.55	66 441.22	247 392.41

长期以来西部地区能源系统都是以煤、石油、天然气为主。单独以碳排放总量分析，2000～2011 年西部地区碳排放总量呈逐年增长趋势。结合西部地区能源消费数据分析，2000～2011 年西部地区能源消费量逐年递增，年均增幅在 8.3% 左右，小于西部地区 2000～2011 年 GDP11.9% 的增长速度。根据能源消费强度（指单位 GDP 所使用的能源量）指标分析，2006～2011 年西部地区的能源消费强度整体呈下降趋势，由 2006 年的 1.66 吨标准煤/万元下降到 2010 年的 1.33 吨标准煤/万元，说明近年来西部地区的节能减排工作取得了一定成效，但效果还不是很明显。

5.2　产业部门碳排放分析

西部地区涉及 12 个省、自治区、直辖市，土地面积约占国土总面积的 71%，其产业结构的调整不仅影响西部经济发展，还会对东部乃至全国的产业结构升级产生重大影响。自2000年实施西部大开发以来，西部地区经济结构发生了根本性变化，第二、第三产业的产值比重不断上升，超过第一产业，2012年西部地区经济增速在全国区域中位列第一，但其经济增长主要由国有资本主导的资源、能源型产业带动，增长质量有待进一步提高。

5.2.1 产业结构比较分析

自实施西部大开发战略以来，西部地区产业结构调整取得较大进展，产业发展水平显著提高，特色优势产业在全国的地位明显上升，形成了以能源化工、矿产资源开发及加工、特色农产品加工为主的产业体系（刘卫东等，2010）。表5-2为西部地区三次产业结构分析（表中数据不含西藏）。

表5-2 西部地区三次产业结构分析

地区	三次产业结构比			人均GDP（元/人）		
	2002年	2007年	2011年	2002年	2007年	2011年
内蒙古	21.5 : 42.1 : 36.4	13 : 51.2 : 35.8	9.2 : 56.8 : 34	7 936	25 393	57 974
广西	24.27 : 34.88 : 40.85	21.5 : 39.7 : 38.8	17.5 : 49 : 33.5	5 415	12 555	25 326
重庆	16.0 : 41.9 : 42.1	12.9 : 44.6 : 42.5	8.4 : 55.4 : 36.2	7 708	14 660	34 500
四川	21.1 : 40.6 : 38.3	19.91 : 43.74 : 36.35	14.2 : 52.4 : 33.4	5 738	12 893	26 133
贵州	23.8 : 40.2 : 36	16.8 : 42.3 : 40.9	12.7 : 40.9 : 46.4	3 072	6 915	16 413
云南	21.1 : 42.8 : 36.1	18.4 : 43.2 : 38.4	16.1 : 45.6 : 38.3	5 228	10 540	19 265
陕西	14.9 : 45.5 : 39.6	11.1 : 54.3 : 34.6	9.8 : 55.2 : 35	6 002	14 607	33 464
甘肃	18.4 : 45.7 : 35.9	14.3 : 47.5 : 38.2	13.51 : 50.28 : 36.21	4 645	10 346	19 595
青海	13.2 : 44.7 : 42.1	11.3 : 52.1 : 36.6	9.5 : 57.5 : 33.0	6 311	14 257	29 522
宁夏	16.1 : 45.7 : 38.2	11.7 : 50.4 : 37.9	8.9 : 52.2 : 38.9	6 476	14 649	33 043
新疆	19.1 : 42.0 : 38.9	17.8 : 46.8 : 3.4	17.3 : 50.0 : 32.7	8 389	13 006	20 609

由表5-2可知，总体来看，自西部大开发以来，西部各地区的人均GDP有了较大提高，西部地区产业结构也发生了根本性变化，第一产业比重持续下降，2007年工业增加值较2002年升幅较大，与2011年基本持平，第三产业比重保持稳定。但与东部发达地区相比，差距依然很大，如2012年北京三

次产业比为0.8：18.4：76.5、广东为5.0：45.2：46.5；东部地区总体三次产业比为6.4：42.9：45.4，可见西部地区第一产业占比偏高，第二、第三产业发展滞后。2012年西部地区人均GDP为31 450元，为全国人均GDP的73.1%，东部人均GDP的54.4%，与东部地区差距依然较大。据《西部蓝皮书：中国西部发展报告（2013)》，2012年西部地区经济增速在全国区域中位列第一。虽然西部地区经济发展形势全面向好，但其经济增长主要由国有资本主导的资源、能源型产业带动，增长质量有待进一步提高。

5.2.1.1　产业结构变化

实施西部大开发以来，西部地区产业结构变化较大。从整体上看（图5-3)，第一产业比重逐渐下降，由2000年的22%下降到2011年的12.74%；第二产业比重先下降后较快上升，由2000年的40.46%上升到2011年的50.92%；第三产业比重先上升后缓慢下降，由2000年的37.57%下降到2011年的36.34%。三大产业之间的结构比例有了明显改善，产业结构逐渐向合理化方向演进。分阶段看，西部地区产业发展在“十五”“十一五”期间有很大差异。“十五”时期，西部地区第一产业比重缓慢下降、第二产业比重基本保持稳定、第三产业比重逐渐上升，是较为理想的产业结构优化路径。“十一五”时期，西部地区第一产业比重逐渐下降、第二产业比重快速上升、第三产业比重缓慢降低，虽然工业化水平明显提高，但重工业所占比重明显偏

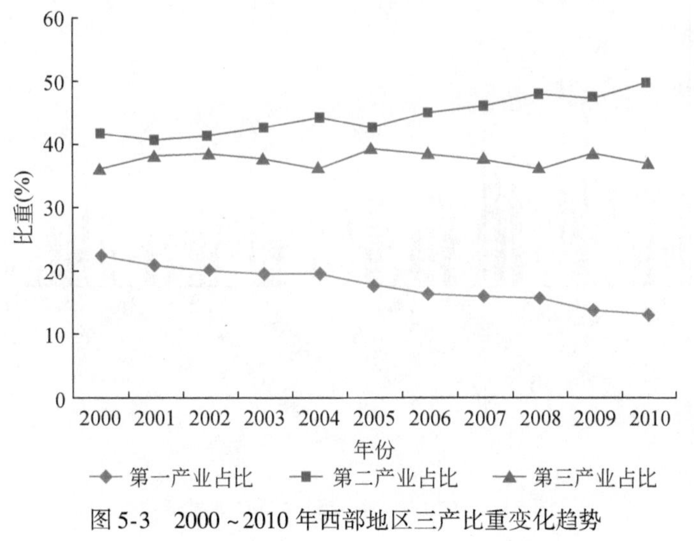

图5-3　2000～2010年西部地区三产比重变化趋势

高。另外，与全国平均水平相比，西部地区第一产业比重比全国平均水平高2.7个百分点，第二产业比全国平均水平高4.3个百分点，第三产业比重比全国平均水平低7个百分点，可见西部地区第三产业发展滞后。

5.2.1.2 产业结构特征

西部地区产业发展具有明显的资源依赖型特征。如图5-4所示，煤炭采选业、石油和天然气开采业、石油加工及炼焦业、金属矿采选业、非金属矿采选业、金属冶炼及压延业等行业在绝大部分西部省区的区位熵大于1，是西部地区的主导产业。2000～2010年，能源化工占西部地区工业总产值的比重由34.46%提高到37.69%，矿产开发及其加工占西部地区工业总产值的比重由21.20%提高到26.12%。同期，能源化工、矿产开发及其加工对西部工业增加值增量的贡献率分别为44.83%和23.10%，均高于全国29.62%和20.04%的水平。可见，西部地区资本密集型、资源开发型的重工业比重过高，轻重工业发展脱节；而且西部地区的重工业中又以煤炭采选业、石油和天然气开采业、金属矿采选业、非金属矿采选业等采掘业、初级原材料工业为主，产品以初级产品、高耗低附加值为主，缺少精深加工工业。

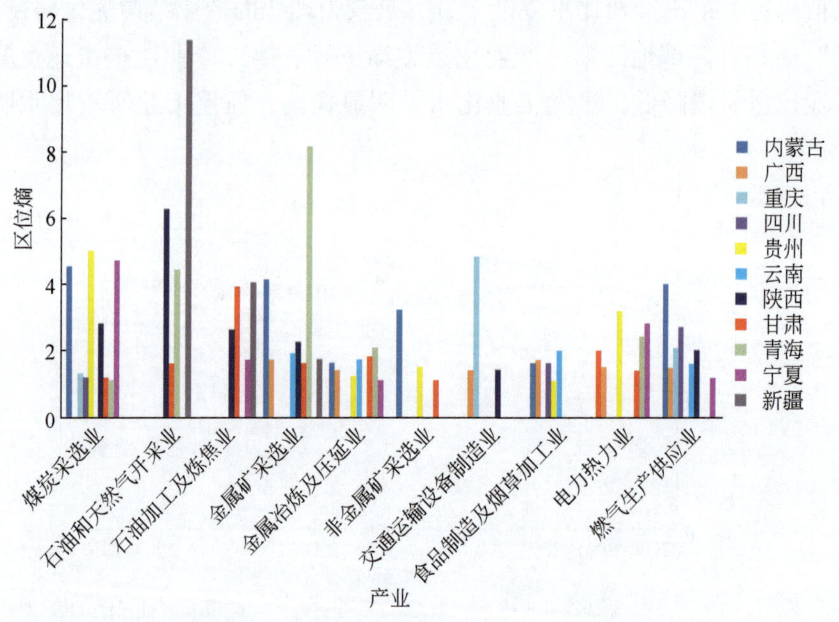

图5-4 2010年西部地区主导产业及区位熵

注：图中数据不含西藏

西部地区各省（自治区、直辖市）的工业行业同构化趋势明显。区位熵、影响力系数及感应度系数的计算结果进一步显示，内蒙古、新疆、青海、陕西、贵州、青海、甘肃、宁夏、云南和广西10个省（自治区）的产业发展均主要集中在能源化工、矿产开发及其加工两大行业。其中，内蒙古、新疆、陕西、贵州、青海、甘肃及宁夏等省（自治区）为能源型省区，其煤炭采选业、石油和天然气开采业、石油加工炼焦业或燃气生产供应业的区位熵大于2，且该产业的影响力系数及感应度系数大于1；青海、内蒙古、陕西、贵州、云南、广西、甘肃及新疆为矿产资源型省区，其金属矿采选业、非金属矿采选业或金属冶炼及压延业的区位熵大于1.5，且该产业的影响力系数及感应度系数大于1。

5.2.2 部门碳排放分析

能源是经济和社会发展的重要物质基础，也是推动经济快速发展的主要动力之一。西部地区是我国能源资源的富集区，其中煤炭、石油、天然气等能源资源在全国具有重要地位，也是我国石油、天然气、煤炭生产的重要战略接替地区。

西部地区12省（自治区）中（西藏除外），石油储量以新疆、陕西最为突出，分别为43 643万吨和23 047万吨，占西部地区石油储量的49.42%和26.10%；天然气储量以新疆、四川、陕西和内蒙古较为丰富，分别为7543.69亿立方米、6061.6亿立方米、5709.24亿立方米和5635.41亿立方米，占西部地区天然气储量的26.90%、20.61%、20.36%和20.09%；煤炭储量以内蒙古最为突出，有789.07亿吨，占西部地区煤炭储量的47.50%。

5.2.2.1 各地区能源生产与消耗

从全国来看，能源消费高于能源生产，消费总量占生产总量的比重为115.81%；但是，西部地区的能源生产量大于消费量，能源消费总量占生产总量的比重约为64.04%。西部地区一半以上地区的能源消费低于能源生产，其中陕西的能源消费总量仅占生产总量的22.11%，内蒙古的能源消费总量也只占到生产总量的30.41%（表5-3）。

表 5-3 2014 年西部地区的能源生产及消费总量

区域	能源生产总量/万吨标准煤	能源消费总量/万吨标准煤	消费总量占生产总量比重/%
全国	360 000. 00	416 913. 02	115. 81
内蒙古	60 205. 75	18 309. 06	30. 41
广西	2 869. 84	9 515. 21	331. 56
重庆	—	7 693. 97	—
四川	11 624. 80	19 878. 00	171. 00
贵州	15 136. 11	9 708. 78	64. 14
云南	9 805. 49	9 979. 92	101. 78
陕西	46 733. 83	10 331. 46	22. 11
甘肃	5 926. 50	7 521. 47	126. 91
青海	4 099. 40	3 858. 01	94. 11
宁夏	5 717. 70	4 562. 40	79. 79
新疆	19 473. 20	14 926. 08	76. 65

注：表中数据不含西藏

西部地区单位地区生产总值能耗均在 1 吨标准煤/万元以上，东部、中部地区省份大部分在 0. 8 吨标准煤/万元左右；西部地区单位工业增加值能耗均在 2 吨标准煤/万元以上，东部、中部地区省份大部分在 1 ~ 2 吨标准煤/万元。这说明西部地区单位能源创造的经济效益低于东部、中部地区。

5. 2. 2. 2 各地区部门能源消耗及碳排放

西部地区本身是我国能源资源的富集区，其中煤炭、石油、天然气等能源资源在全国处于重要地位。这决定了西部地区长期形成的能源资源高依赖型发展模式，加之西部地区科技水平总体上较中、东部地区落后，导致西部地区单位 GDP 能耗高于中、东部地区的现状。本部分基于西部地区能源生产与消费现状，深入揭示西部地区各行业部门的能源消费状况，以期为西部地区低碳发展提供部门政策制定的科学参考。表 5-4 为 2014 年西部地区部门能源消费情况。

表 5-4　2014 年西部地区部门能源消费情况

（单位：万吨标准煤）

区域	第一产业	第二产业					第三产业				合计
	农、林、牧、渔业	工业				建筑业	交通运输储运业和邮政业	批发、零售业和住宿、餐饮业	其他行业	城乡居民生活	
		采矿业	制造业	电力、燃气及水的生产和供应业	合计						
内蒙古	542.71	1 373.47	10 406.64	1 193.72	12 973.83	356.77	1 158.66	887.12	925.71	1 464.26	18 309.06
广西	218.38	85.55	6 229.81	533.05	6 848.41	50.40	876.77	215.60	276.74	1 028.90	9 515.20
重庆	79.96	258.97	2 847.89	756.61	3 863.47	208.40	836.45	1170.13	672.37	863.19	7 693.97
四川	290.00				14 191.00	419.00	1 254.00	747.00	739.00	2 238.00	19 878.00
贵州	146.85	613.17	4 313.53	602.87	5 529.57	138.48	711.87	816.29	1 102.53	1 263.19	9 708.78
云南	198.08				6 794.77	201.79	1 092.60	270.58	354.83	1 067.27	9 979.92
陕西	213.27				6 804.09	224.28	928.17	393.07	432.37	1 336.21	10 331.46
甘肃	240.61	370.64	4 724.81	421.40	5 516.85	116.73	621.63	120.99	242.23	662.43	7 521.47
青海	20.88				3 205.84	42.03	152.18	61.62	140.93	234.53	3 858.01
宁夏	56.90	158.48	2 620.68	1 829.75	4 608.91	36.57	345.80			356.52	5 404.70
新疆	689.30				11 467.90	150.15	851.34	251.00	312.58	1 203.81	14 926.08

注：表中数据不含西藏；数据来源于各省份统计年鉴

总体来看，西部地区部门能源消费最显著的特征是，各省区第二产业的能源消耗均占到其本省区一半以上的能源消耗，且各省区能源消耗占比排序均为：第二产业>第三产业>生活消费>第一产业。第二产业能源消耗占各省区比重从大到小依次是：宁夏、青海、新疆、甘肃、四川、内蒙古、广西、云南、陕西、重庆和贵州。图 5-5 为 2014 年西部地区部门能源消费情况。

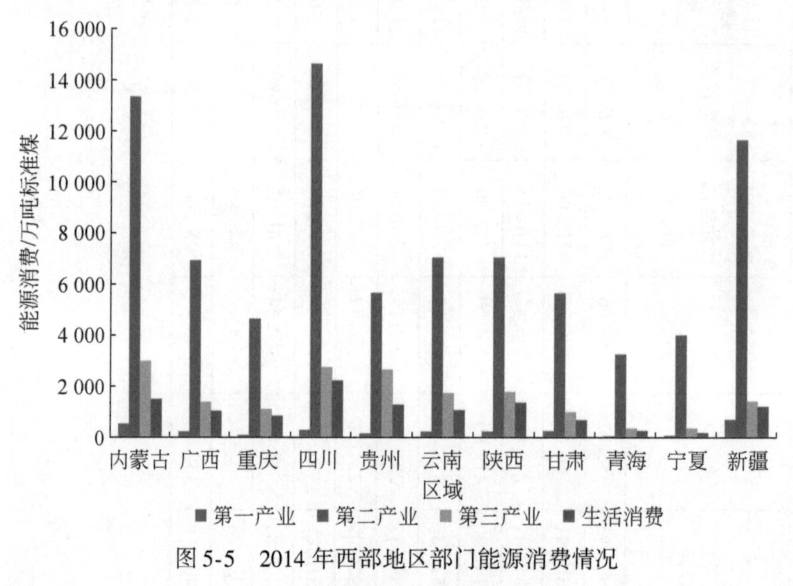

图 5-5　2014 年西部地区部门能源消费情况

注：图中数据不含西藏

本书采用的碳排放估算方法是，1 千克标准煤燃烧排放 0.67 千克碳，合 2.46 千克二氧化碳。结合图 5-5 数据（2014 年）可知，四川、内蒙古和陕西的总体碳排放排在西部地区的前三位，排在最后两位的是宁夏和青海。按三次产业分析，第一产业部门碳排放新疆和内蒙古遥遥领先于其他各省区（图 5-6）；第二产业部门碳排放是西部各省区排放最多的部门，而且均占到各省区排放总量的一半以上，其中占比排序依次是：青海、新疆、甘肃、四川、宁夏、内蒙古、广西、云南、陕西、重庆和贵州（图 5-7）。第三产业部门碳排放排名前三位的是内蒙古、四川和贵州（图 5-8）；从西部各省区城乡居民生活碳排放来看，四川远多于其他各省区，其次是内蒙古、陕西、贵州、新疆、云南、广西和重庆，排在最后两位的是青海和宁夏（图 5-9）。

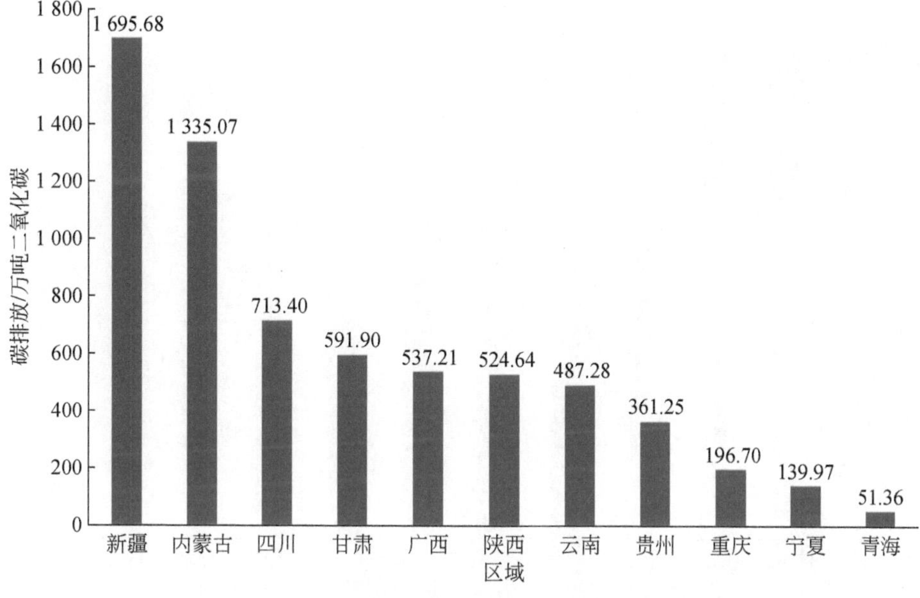

图 5-6　2014 年西部各省份第一产业碳排放比较

注：图中数据不含西藏

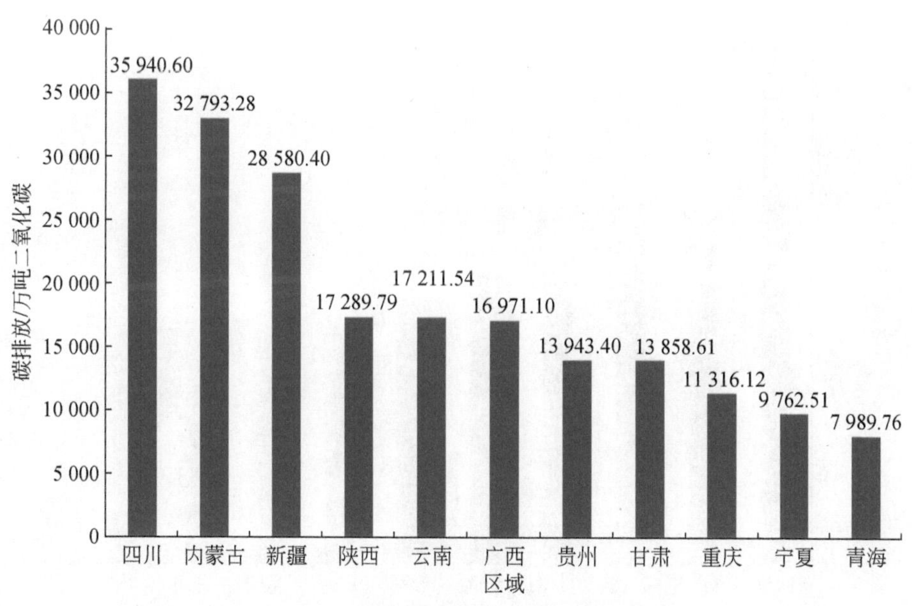

图 5-7　2014 年西部各省份第二产业碳排放比较

注：图中数据不含西藏

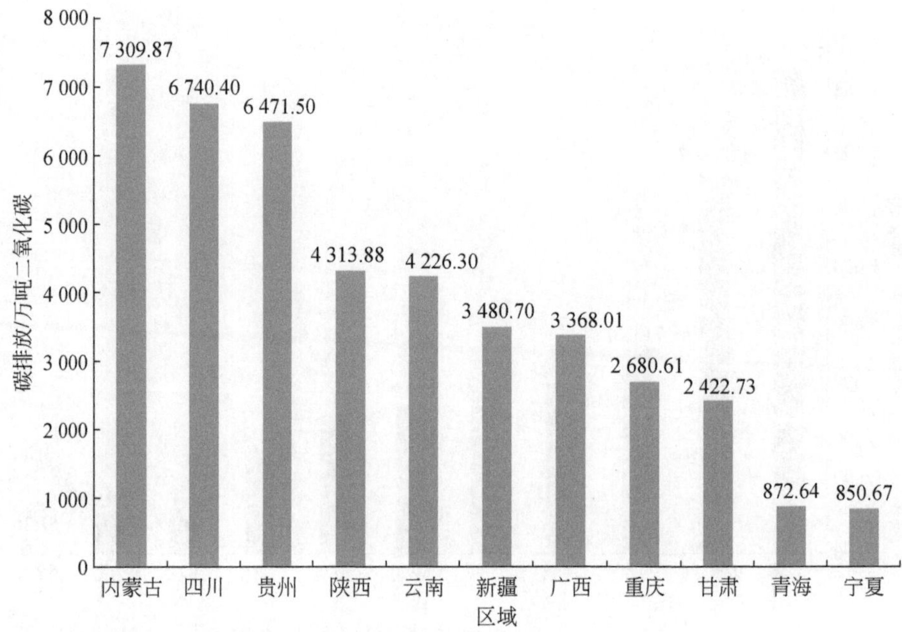

图 5-8　2014 年西部各省份第三产业碳排放比较

注：图中数据不含西藏

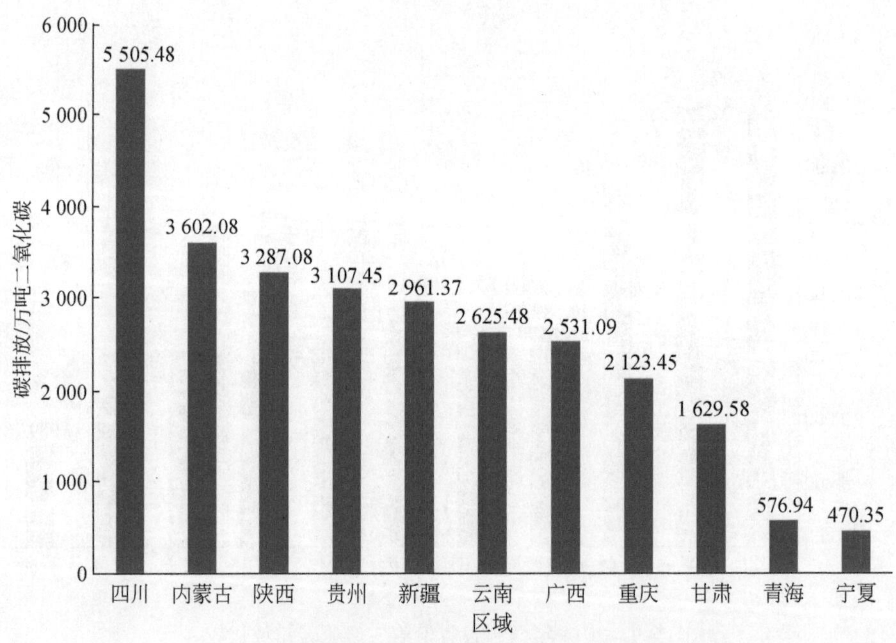

图 5-9　2014 年西部各省份城乡居民生活碳排放比较

注：图中数据不含西藏

5.2.3 减排潜力分析

为整体把握西部地区碳排放发展趋势和未来低碳社会的潜力，对西部地区的减排潜力开展预测分析。国内外学者对低碳经济发展潜力进行分析时，一般采用时间序列分析方法（Weigend，1996；付加锋等，2008）、环境库兹涅茨曲线预测法（林伯强，2009）、多目标线性规划方法（赵媛等，2001）、神经网络模型法（宁云才，2003；Monforte，1998）及产业-能源-碳排放关联模型（吴彼爱和高建华，2010）等，但这些传统的研究方法并未考虑人在未来发展中的能动性，不能客观地反映出经济低碳发展的脉络，因此很难对能源-经济-环境之间的发展趋势做出准确的预测。基于上述研究方法的缺陷与不足，本研究将采用当前国际上通用的情景分析法对西部地区的未来的减排潜力进行比较和预测（朱翔等，2014）。

对西部地区 2015～2020 年的碳排放进行预测，主要按照碳排放强度指标不同的约束条件来设定发展目标，并确定不同条件下的情景假设（高新才和马丽，2015）。按照西部大开发“十二五”规划中西部地区经济增长目标，经济增速高于全国平均水平作为设定基础，假定 2015～2020 年经济发展水平按照 GDP 2000～2012 年年均增长速率 17.14% 实现增长，人口增长率按照 2013 年的平均增长率 0.7746% 进行设定，设定以下两种不同的发展情景分析：①基准情景：根据 2000～2012 年碳排放的自然增长水平来进行设定，未来“十三五”期间碳排放总量将按照“十二五”期间年平均速率 9.5% 的速度增长。②低碳情景：中国政府于 2009 年在丹麦哥本哈根举行的联合国气候变化会议上，公布了温室气体减排计划，并承诺至 2020 年温室气体排放比 2005 年下降 40%～45%。因此，西部地区积极响应国家的低碳减排目标，在此基础上调整区域碳排放量水平和碳排放强度。按照以上两种情景设定的约束条件，分别对基准情景和低碳情景下的西部地区到 2020 年的碳排放潜力进行预测（表 5-5）。

从表 5-5 中的预测结果可以看出：①基准情景下，按照设定的增长状况 2015 年和 2020 年西部地区碳排放总量将分别实现 286 679.13 万吨和 451 301.4万吨，人均碳排放分别为 7.62 吨/人和 11.54 吨/人，同时对应的碳排放强度分别为 1.58 万吨/亿元和 1.12 万吨/亿元；②低碳情景下，按照政府 2009 年提出的 2020 年碳排放强度比 2005 年下降 40%～45% 的碳减排目标，

表 5-5　西部地区碳减排潜力预测分析

年份	人口/万人	GDP/亿元	基准情景			低碳情景			减排潜力/万吨	减排比/%
			碳排放/万吨	人均碳排放/(吨/人)	碳排放强度/(万吨/亿元)	碳排放/万吨	人均碳排放/(吨/人)	碳排放强度/(万吨/亿元)		
2000	33 490. 83	16 958. 41	73 429. 01	2. 19	4. 33	73 429. 01	2. 19	4. 33		
2001	33 693. 02	18 672. 21	70 198. 04	2. 08	3. 76	70 198. 04	2. 08	3. 76		
2002	33 921. 16	20 673. 62	73 507. 86	2. 17	3. 56	73 507. 86	2. 17	3. 56		
2003	34 168. 78	23 516. 43	95 313. 38	2. 79	4. 05	95 313. 38	2. 79	4. 05		
2004	34 423. 88	28 402. 12	113 585. 97	3. 30	4. 00	113 585. 97	3. 30	4. 00		
2005	34 683. 59	33 410. 76	135 082. 80	3. 89	4. 04	135 082. 80	3. 89	4. 04		
2006	34 981. 39	39 542. 38	151 097. 99	4. 32	3. 82	151 097. 99	4. 32	3. 82		
2007	35 315. 24	48 222. 52	167 819. 85	4. 75	3. 48	167 819. 85	4. 75	3. 48		
2008	35 632. 68	59 164. 71	173 511. 77	4. 87	2. 93	173 511. 77	4. 87	2. 93		
2009	35 930. 42	66 532. 12	187 943. 74	5. 23	2. 82	187 943. 74	5. 23	2. 82		
2010	36 250. 92	80 901. 03	227 115. 26	6. 27	2. 81	227 115. 26	6. 27	2. 81		
2011	36 537. 26	99 629. 13	210 162. 96	5. 75	2. 11	210 162. 96	5. 75	2. 11		
2012	36 740. 11	113 203. 77	218 350. 27	5. 94	1. 93	218 350. 27	5. 94	1. 93		
2013	37 026. 68	132 606. 90	239 093. 54	6. 46	1. 80	240 018. 48	6. 48	1. 81	924. 94	–0. 39
2014	37 315. 49	155 335. 72	261 807. 43	7. 02	1. 69	262 517. 36	7. 04	1. 69	709. 94	–0. 27
2015	37 606. 55	181 960. 26	286 679. 13	7. 62	1. 58	285 677. 61	7. 60	1. 57	–1 001. 53	0. 35
2016	37 899. 88	213 148. 25	313 913. 65	8. 28	1. 47	309 064. 96	8. 15	1. 45	–4 848. 69	1. 54
2017	38 195. 50	249 681. 86	343 735. 45	9. 00	1. 38	332 076. 87	8. 69	1. 33	–11 658. 58	3. 39
2018	38 493. 43	292 477. 33	376 390. 32	9. 78	1. 29	353 897. 57	9. 19	1. 21	–22 492. 75	5. 98
2019	38 793. 68	342 607. 94	412 147. 40	10. 62	1. 20	373 442. 66	9. 63	1. 09	–38 704. 74	9. 39
2020	39 096. 27	401 330. 95	451 301. 40	11. 54	1. 12	389 291. 02	9. 96	0. 97	–62 010. 38	13. 74

资料来源：高新才和马丽，2015

来设定西部地区的未来碳排放强度，在具体计算过程中发现，2011 年西部地区碳排放强度为 2. 11 万吨/亿元，比 2005 年的 4. 04 万吨/亿元下降近 47%，已经超额完成了国家 45% 的预定减排目标，因此，按照这样的减排速度，在 2011 年的减排基础上，2020 年西部地区依然能完成再降 45% 的碳减排目标，2015 年碳排放强度为 1. 57 万吨/亿元，2020 年碳排放强度为 0. 97 万吨/亿元。相比而言，在低碳情景下，2015 年和 2020 年碳排放总量分别比基准情景下减排 1001.53 万吨和 62 010.38 万吨，减排比例分别达 0.35% 和 13.74%。从预测结果分析，到 2020 年西部地区节能减排的速度加快，将会少排 62 010.38万吨碳，减排潜力巨大。西部地区作为全国的能源、原材料基地，形成了与之紧密相关的资源开采和加工工业产业，更应该肩负起节能减排的历史使命，提高经济增长的质量和效益，推广清洁能源和可再生能源的使用，走循环经济发展道路。

5.3 低碳社会建设的战略选择

低碳经济发展是经济社会发展到一定阶段的必然要求，更是科学发展的必然要求。但是，低碳经济发展是一个渐进的过程，体现当前经济社会发展要求和长远发展要求相统一，既立足于现实所处的发展阶段和未来发展方向，又立足于积极推进和量力而行的一致性。因此，西部地区低碳经济发展在贯彻落实科学发展观过程中，积极推进发展方式转变，立足发展实际，依托区位、资源和产业等优势，综合采用技术的、行政的、市场的多种手段和工具，减少对高碳能源的消耗，减少主要温室气体排放，逐步达到经济发展与环境保护共赢的发展形态。

5.3.1 低碳发展的 SWOT 分析

SWOT 分析是指对系统或机构内部的优势（strength）和劣势（weakness）、外部的机遇（opportunity）和威胁（threats）4 个因素进行的分析，并运用系统分析的方法，把各种因素相互匹配加以分析，从而得出一系列相应的结论。

5.3.1.1 优势分析

西部地区的矿产资源不仅总量丰富，人均占有资源量大，而且质量优良，组合较好，潜在价值巨大，具备建立多个全国性大型原材料基地和能源基地的资源优势。除了传统能源外，西部地区也是我国新能源和可再生能源的主要集中区，太阳能、风能、地热能和生物能等开发潜力大。

西部地区是我国森林、草原、湿地和湖泊等集中分布区，而森林、草原、湿地、湖泊等是固碳和增加碳储备的重要载体。其中西部地区有草原面积

47.7亿亩，约占全国草原总面积的90%，是天然的草原大碳库，为西部地区增加碳储备提供了重要的物质基础。

高耗能产业为主的产业结构和较低的节能减排技术，使得西部地区利用能源的效率较低。从后发优势的角度来看，西部地区能耗强度高、能源利用效率较低的现状，恰恰说明了西部地区在技术革新和结构调整的过程中实现节能减排的空间较大。

此外，在发展低碳经济的过程中，由于西部地区工业化、城市化起步较晚，经济模式和工业体系尚未完全定型，产业结构调整具有转型成本低的后发优势。并且，西部地区可以学习和借鉴发达国家和地区发展低碳经济的先进经验和技术，从而在发展势差中获得发展优势，降低发展低碳经济的转型成本。

5.3.1.2　劣势分析

西部地区具有能源资源的优势，但却存在生产结构和消费结构不合理的现状，在一定程度上背离了资源结构及赋存条件，使资源优势未能转变为经济优势。此外，西部地区的自主研发和技术创新能力不高，低碳技术水平较低，节能技术和新能源技术的发展也不如人意。

西部地区产业结构总体层次偏低。第一产业在西部区域经济总量中的比例偏高，大多数地区的生产水平还处在传统农业阶段，现代化的大农业体系没有形成；第二产业以资源开发型传统产业为主，工业内部为高污染的重化工工业结构，单位GDP能耗高；第三产业发展不足，现代服务业发展滞后。西部地区较低层次的产业结构呈现出了高耗能、高污染、资源性的“两高一资”特征。此外，随着我国经济的梯度发展，东部地区要转方式调结构，需要转出“两高一资”企业；而一些西部地区尤其是偏远、欠发达地区，则乐于引入这些企业，从而加剧了西部地区产业结构的“两高一资”特征。

西部大开发以来，我国大力发展了西部地区的基础设施和基础工业建设，而这些基础设施、重要机器设备的使用年限一般在15～50年，甚至更长时间，投入使用后形成沉淀成本，其间难以加速折旧、变现，不太可能轻易废弃。那么在其整个寿命周期内，与之相适应的技术系统和投资就会被锁定在高能耗、高污染和高排放的发展路径上，成为西部地区发展低碳经济的重要障碍。

5.3.1.3 机遇分析

由于我国拥有极大的减排储备，近年来，发达国家的企业积极进入我国，开展 CDM（清洁发展机制）合作项目，为我国换取发达国家的资金和技术以及先进的管理经验提供了机会，也为包括西部在内的中国企业带来了发展低碳经济的重大机遇。

我国政府近年来出台了一系列应对气候变化、促进低碳经济发展的政策。从《中国应对气候变化的国家方案》的制定，到《中国应对气候变化科技专项行动》《可再生能源中长期发展规划》的发布，再到“十三五”能源发展规划和新兴能源产业发展规划的颁布，都将是西部地区低碳产业发展的新机遇。此外，我国自 2001 年以来出台了一系列节能减排的政策扶持和税收优惠政策，从增值税、企业所得税等方面鼓励、支持企业积极进行资源的综合利用，发展低碳经济。

另外，西部大开发的政策倾斜也有利于西部地区的低碳经济发展。西部大开发战略对西部地区给予了特殊的政策支持，带动了西部地区的经济增长和社会建设。为解决资源开发与环境保护之间的矛盾，西部大开发战略强调在开发资源的过程中要加强环境保护，实施了退耕还林等一系列政策措施，着力降低西部地区经济发展过程中的资源环境代价。

5.3.1.4 威胁分析

作为碳排放大国，我国的二氧化碳减排问题为全世界所瞩目。有专家指出，无论是在二氧化碳的排放总量还是人均排放水平上，我国都被世界密切“关注”，这可能迫使我国过早地承担碳减排国际义务。但是我国正处在全面建设小康社会的关键时期，处于工业化、城镇化加快发展的重要阶段，发展经济、改善民生的任务十分繁重。我国人口众多，经济发展水平还比较低，经济结构性矛盾仍然突出，以煤为主的能源结构在短期内难以改变，能源需求还将继续增长，控制温室气体排放面临巨大压力和特殊困难。而对于经济发展处于上升阶段，需要实现跨越式发展的西部地区来说，承担这种减排的压力会更大，面临的困难更多。

低碳技术的研究、开发和应用是解决气候变化发展低碳经济的最终手段。而我国的科技研发能力有限，无论是新能源技术、节能技术还是碳捕捉和封存技术都相对落后。因此，低碳技术水平的落后是我国发展低碳经济的最大瓶颈，也成为我国西部地区发展低碳经济的严重障碍。尽管《气候变化框架公约》和《京都议定书》都特别强调，发达国家向发展中国家转让先进技术，是帮助发展中国家参与国际社会共同应对气候变化的重要手段。但是这些技术关乎发达国家的相关企业甚至整个国家在低碳经济时代的核心竞争力，因此，发达国家虽然在政治上承诺了，但是在行动上却出现技术转让难的状况。因此，依靠商业渠道、花费大量外汇引进国外先进技术，对于尚不富裕的中国来说显然是一个沉重的负担。

5.3.2 低碳社会建设的任务目标

西部地区低碳社会建设应贯彻落实科学发展观，积极推进发展方式转变，立足发展实际，依托区位、资源和产业等优势，综合采用技术、政府、市场等多种手段和工具，减少对高碳能源的消耗及主要温室气体排放，逐步达到经济发展与环境保护共赢的发展形态。

5.3.2.1 主要政策分析

2016 年 10 月发布的《“十三五”控制温室气体排放工作方案》(以下简称《工作方案》) 提出，顺应绿色低碳发展国际潮流，将低碳发展作为我国经济社会发展的重大战略和生态文明建设的重要途径，采取积极措施，有效控制温室气体排放。加快科技和制度创新，健全激励和约束机制，发挥市场配置资源的决定性作用和更好发挥政府作用，加强碳排放和大气污染物排放协同控制，强化低碳引领，推动能源和产业革命，推动供给侧结构性改革和消费端转型，推动区域协调发展，深度参与全球气候治理，为促进我国经济社会可持续发展和维护全球生态安全作出新贡献。

在能源领域，《工作方案》要求低碳引领能源革命。①在提升能源利用效率方面，《工作方案》明确了实施能源消费总量和强度“双控”制度，要求 2020 年单位国内生产总值能源消费比 2015 年下降 15% 的同时，要把能源消费总量控制在 50 亿吨标准煤以内，基本形成以低碳能源满足新增能源需求的能源发展格局。②在控制能源消费总量、减缓能源消费增速的同时，《工作方案》对能源结构优化也提出了明确要求，围绕“控煤、提气、发展非化石能源”进行了工作部署，要求控制煤炭消费总量，推动煤炭消费提早达峰，到 2020 年天然气占能源消费总量的比重提高到 10% 左右，非化石能源比重提高到 15%。③《工作方案》明确要求到 2020 年大型发电集团单位供电二氧化碳排放控制在550克二氧化碳/（千瓦·时）以内，采用碳排放效率标准推动电力行业绿色低碳转型。

在产业领域，《工作方案》要求打造低碳产业体系。①明确把低碳发展作为新常态下经济提质增效的重要动力，推动产业结构转型升级。②提出加强控制工业领域碳排放，到2020年推动部分重化工业实现率先达峰，工业生产领域二氧化碳排放总量趋于稳定，单位工业增加值二氧化碳排放量比2015年下降22%，为实现“2030目标”奠定良好基础。③《工作方案》对企业也提出了要求，排放企业要加强碳排放管理，推广低碳新工艺、新技术，通过实施低碳标杆引领计划，推动重点行业企业开展碳排放对标活动，到2020年主要高耗能产品单位产品碳排放要达到国际先进水平。

在城乡发展领域，《工作方案》要求推动城镇化低碳发展。①明确提出在城乡规划中要落实低碳理念和要求，探索集约、智能、绿色、低碳的新型城镇化模式，鼓励编制城市低碳发展规划。②到2020年城镇绿色建筑占新建建筑的比重要达到50%，公共建筑要加强低碳化运营管理，农村地区生活用能方式要向清洁低碳转变。③开展零碳排放建筑试点示范。要求推进现代综合交通运输体系建设，发展低碳物流，完善公交优先的城市交通运输体系，深入实施低碳交通示范工程。首次提出要研究新车碳排放标准，采用“百公里碳排放”指标推动汽车行业绿色低碳转型。④《工作方案》要求到2020年营运货车、营运客车和营运船舶单位运输周转量二氧化碳排放比2015年分别下降8%、2.6%和7%，城市客运单位客运量二氧化碳排放比2015年下降12.5%。

除了上述控制二氧化碳排放的工作部署，《“十三五”控制温室气体排放工作方案》还在控制非二氧化碳温室气体排放、增加碳汇以及推动碳捕集、利用和封存方面对相关领域提出了要求。控制非二氧化碳温室气体排放方面，在农业领域提出到2020年实现农田氧化亚氮排放要达到峰值；在工业领域提出重点工业行业要制定实施控制氢氟碳化物排放行动方案；在城乡建设领域提出加强废弃物资源化利用和低碳化处置等甲烷排放控制措施。增加碳汇方面，提出到2020年森林覆盖率达到23.04%、森林蓄积量达到165亿立方米、草原综合植被覆盖率达到56%等要求。推动碳捕集、利用和封存方面，要求在煤基行业和油气开采行业开展规模化产业示范，在工业领域开展试点示范。表5-6为全国及部分西部省区低碳发展的主要目标和举措。

表 5-6 全国及部分西部省区低碳发展的主要目标和举措

国家和西部省区		主要政策	主要目标	主要举措
国家层面		《"十三五"控制温室气体排放工作方案》	到2020年，单位GDP二氧化碳排放比2015年下降18%（重庆、四川分别下降19.5%，贵州、云南、陕西分别下降18%，内蒙古、广西、甘肃、宁夏分别下降17%，西藏、青海、新疆分别下降12%），单位GDP能源消费比2015年下降15%，非化石能源比重达到15%，能源消费总量控制在50亿吨标准煤以内，控制煤炭消费总量在42亿吨左右	1）打造低碳产业体系； 2）推动城镇化低碳发展； 3）加快区域低碳发展； 4）建设和运行全国碳排放权交易市场； 5）加强低碳科技创新
西部省级层面	重庆	《重庆市"十三五"控制温室气体排放工作方案》	到2020年，全市单位GDP二氧化碳排放比2015年下降19.5%以上，非化石能源消费占一次能源消费比重达到15%以上。单位工业增加值二氧化碳排放量比2015年下降22%。年煤炭消费总量控制在6500万吨左右	1）构建绿色交通运输体系； 2）推进农林业低碳化发展； 3）开展涵盖社区、园区、行业、企业、项目等多层级的低碳发展试点示范
	贵州	《贵州省"十三五"控制温室气体排放工作实施方案》	到2020年，单位GDP二氧化碳排放比2015年下降18%，单位GDP能耗比2015年下降14%，非化石能源消费比重提高到15%以上，全省能源消费总量控制在1.18亿吨标准煤以内，单位工业增加值二氧化碳排放量比2015年下降22%，煤炭消费控制在1.6亿吨以内	1）加快产业结构调整和低碳农业发展； 2）增加生态系统碳汇； 3）建设低碳交通运输体系； 4）倡导绿色低碳生活方式； 5）实施分类指导的碳排放强度控制； 6）创新区域低碳发展试点示范
	甘肃	《甘肃省"十三五"控制温室气体排放工作实施方案》	到2020年，全省单位GDP二氧化碳排放比2015年下降17%，单位GDP能源消费比2015年下降14%，非化石能源消费比重达到20%以上，能源消费总量控制在8951万吨标准煤以内	1）分类控制市州碳排放强度降低目标； 2）推动部分地区率先达峰； 3）多领域多层次开展低碳试点示范

结合国家及西部省区"十三五"控制温室气体排放目标和主要举措，西部地区低碳社会建设应遵循"发展、平衡、渐进、特色"的原则，在国家整体战略部署的基础上，大力推进产业结构调整，着力增加森林碳汇承载力，努力搭建发展转型的保障体系，实现区域内低碳经济运行的有序发展，并按照分步实施的方法，建立近、中、远期任务体系，滚动式推进发展。

5.3.2.2 主要目标

按照西部地区未来低碳发展实施的战略任务，到“十三五”末，西部地区经济发展转型推动力来源于低碳产业体系，经济社会的保障来源于清洁能源开发取得重大突破，温室气体排放及低碳经济发展秩序建立来源于政策框架和关键性体制机制的完善，全社会具有较强低碳生活和发展意识，低碳生活方式和消费模式基本建立。按照此任务目标，必须形成完善的西部地区低碳经济发展的指标体系。

（1）提高低碳能源消费比重，优化调整能源结构

着力提高新能源就地消纳能力，努力促进低碳能源满足新增能源需求；提高能源利用效率，大力发展清洁能源。加大重点行业高耗能企业节能技术和节能工艺改造力度，重点推进电力、钢铁、建材、有色、石化、化工、交通等领域节能，提高风电资源利用效率，推进光热发电利用。到2020年，能源消费总量控制在10亿吨标准煤以内，单位地区生产总值能源消费比2015年下降15%，非化石能源消费比重达到20%，力争新能源装机占西部电源总装机比例达到50%以上，天然气占能源消费总量的比重提高到10%左右。

（2）控制工业领域排放，打造低碳产业体系

加快实施“中国制造2025”各省行动纲要与“互联网+制造”行动计划，加快电商服务、信息技术、金融保险、文化旅游、养老养生和创意设计等新型低碳服务业态发展，努力推动产业结构转型升级。坚持减缓与适应协同，降低农业领域温室气体排放，有序增加生态碳汇。2020年战略性新兴产业增加值占地区生产总值的比重力争达到15%，服务业增加值占地区生产总值的比重达到56%，单位工业增加值二氧化碳排放量比2015年下降22%，森林覆盖率达到20%以上。

（3）加强城乡建设管理，推动城镇化低碳发展

在城乡规划中落实低碳理念和要求，优化城市功能和空间布局，科学划定城市开发边界，探索集约、智能、绿色、低碳的新型城镇化模式。推进现代综合交通运输体系建设，加快发展铁路、水运等低碳运输方式，推动航空、公路运输低碳发展，发展低碳物流。到2020年城镇绿色建筑占新建建筑的比重达到35%，营运货车、营运客车和营运船舶单位运输周转量二氧化碳排放比2015年分别下降8%、2.6%和7%，城市生活垃圾无害化处理率达到95%以上，倡导“135”绿色低碳出行方式（1公里以内步行，3公里以内骑自行

车，5 公里左右乘坐公共交通工具），鼓励购买小排量汽车、节能与新能源汽车。

（4）实施分类指导，加快区域低碳发展

实施分类指导的碳排放强度控制。综合考虑各省（自治区、直辖市）发展阶段、资源禀赋、战略定位和生态环保等因素，分类确定省级碳排放控制目标。“十三五”期间，重庆、四川碳排放强度分别下降 19.5%，贵州、云南、陕西分别下降 18%，内蒙古、广西、甘肃、宁夏分别下降 17%，西藏、青海、新疆分别下降 12%。支持优化开发区域在 2020 年前实现碳排放率先达峰。鼓励其他区域提出峰值目标，明确达峰路线图，在部分发达省份（自治区、直辖市）研究探索开展碳排放总量控制。选择条件成熟的限制开发区域和禁止开发区域、生态功能区、工矿区、城镇等开展近零碳排放区示范工程，到 2020 年建设 15 个示范项目。将低碳发展纳入扶贫开发目标任务体系，制定支持贫困地区低碳发展的差别化扶持政策和评价指标体系，形成适合不同地区的差异化低碳发展模式。

5.3.3 低碳社会建设的战略选择

5.3.3.1 技术创新推动产业结构升级战略

美国经济学家库兹涅茨曾在 1995 年提出了著名的“环境污染倒 U 形曲线”——随着工业化的发展，人均 GDP 的逐步提高，人们对环境的污染会呈现由上升到下降的一个过程。我们有理由对库兹涅茨的假说提出三个疑问：第一，人均 GDP 是否有一个极限。经济学有一个最基本的假设——“经济人”的概念，人都是追求利益最大化的，随着个人财富的增多，人的欲望也是无止境的。人均 GDP 是否有一个固定值，当它增长到一个数值时，人们就不再追求片面的 GDP 增长？第二，时间的期限。环境的污染与人均 GDP 之间是否会在某一个时间上有一个均衡点？我们不能为了所谓的 GDP 增长一直放任环境的恶化，GDP 的增长在何时会静止？第三，资源的有限性。地球的资源是有限的，某些资源不可能一直支持经济的发展，总有一天会消耗殆尽。可能我们的经济还没有达到环境改善的拐点时，环境已经被我们完全破坏，不可能再恢复原状。西部地区在三次产业结构中，第二产业所占的比重最大。因此，我们要效仿欧美等国家和地区的低碳模式，坚持“引进来”的战略，将发达国家的低碳技术引入西部地区，建立“低碳经济圈”，加快产业结构的升级；加大对西部地区“低碳技术”的科研经费的投入；调整能源使用结构，改变传统的以煤炭、石油为主的能源使用结构，发展风能、太阳能等清洁能源，积极寻找石油和煤的替代品。

5.3.3.2　旅游经济拉动战略

西部地区是我国少数民族的聚居地，仅云南一个省就有25个少数民族。截至2009年底，全国共有117个少数民族自治县、其中80个分布在西部地区，各少数民族独特的文化吸引了无数的国内外游客。不仅如此，西部地区同时也有众多世界级的旅游地点——九寨沟、莫高窟、兵马俑和都江堰等。丰富的旅游资源是西部地区得天独厚的优势。我国可以在西部地区建立“低碳旅游经济城市圈”，一方面可以宣传低碳经济的发展模式，使低碳经济的观念深入人心；另一方面转换经济的发展模式，避免实体经济的弊端，降低碳排放，促进经济的发展。

5.3.3.3　金融支持经济发展战略

发展低碳经济，需要发展和创新相应的低碳金融，需要金融市场和金融机构的配合与支持。

1）培育和完善低碳金融市场，建立完善的相关配套制度。首先需要培育低碳金融市场主体，规范各参与主体的行为约束；需要建立较为完善的市场交易和中介服务制度，提高交易的效率和透明度；最后需要构建服务西部地区的区域性碳交易平台，参与碳交易标准和规则的制定，在碳交易市场掌握定价的话语权。

2）拓展银行业金融机构对低碳经济的服务领域，创新低碳金融服务机制。首先，要加强信贷资源的倾斜力度，有效地满足符合绿色节能减排要求的优质客户和项目的融资需求。其次，要对低碳经济项目实行差别化的产品政策，研究适用于节能减排项目的贷款管理办法和清洁发展机制运作的产品服务和运作模式。再次，要加强与市场知名的专业化中介机构的合作，提供与低碳经济发展相关的一系列综合金融服务，通过银行客户的资源优势推进碳交易业务的开展。最后，要利用政策性银行业金融机构贷款周期长、数额大、利率低的优势，引导资金投入对低碳经济发展起支撑作用的基础设施建设和可再生能源开发项目。

3）加大资本市场对低碳经济的支持力度，扩大相关性质企业直接融资规模。首先，通过为西部低碳企业的公开上市开通“绿色通道”，优先安排具备一定资产规模和技术水平、内部治理规范的低碳企业上市，增加低碳企业在上市公司中的比重；鼓励主板上市公司积极参与西部低碳经济投资，实现其传统技术和工艺的改造升级及产业结构优化转型。其次，支持达到节能减排标准的西部低碳企业通过发行企业债券、中长期债券和短期融资债券等方式筹集资金。最后，通过上市、债券的直接融资，建立与低碳经济发展相适应的风险投资基金和产业投资基金，为节能减排技术的研发和新能源项目的开发募集战略性资金。

4）大力开发基于碳排放权为标的物的衍生金融产品，助推西部低碳经济发展。通过建立完善的碳交易市场，开发以碳排放权为支持的衍生金融产品，通过发挥其具有的价格发现和资源配置功能，引导资本流向低碳经济领域。

5）发挥宏观金融政策的引导作用，为西部低碳经济发展保驾护航。一是要更好地发挥中央银行、金融监管等部门的指导作用，建立与节能减排项目贷款相关联的信贷规模指导政策，发挥中央银行支持清洁发展机制项目贷款的“窗口指导”作用；二是支持地方政府成立碳基金或者担保公司，为金融机构开展“绿色信贷”提供资金配套与担保；三是地方政府发挥政府项目的导向作用，对开展“绿色信贷”较好的银行进行政府项目贷款倾斜。

5.3.3.4　强化生态补偿机制战略

生态补偿机制是发展低碳经济的重要手段，这对改进西部地区的生态与环境质量、促进经济可持续发展具有重要作用。生态补偿机制的一个重要方面是国家应该尽快对西部生态脆弱区和生态功能保护区的发展规模、发展方式实行严格的控制，并通过完善财政转移支付制度对这些地区进行补偿。可以通过政府公共财政投入，加大对西部地区生态环境建设的投资。对现有的环境污染费、矿产资源使用费等收费项目，可以考虑以法定形式固定下来，并根据专款专用的原则，将环境保护收入作为西部地区综合治理的专项基金。中央政府应该对有利于西部地区生态环境保护或治理以及恢复生态环境的项目给予大力的财政政策支持，鼓励西部地区发展生态环境整治、污染治理、资源综合利用和农业综合开发等项目，剔除现行政策中不利于生态环境保护的规定，同时通过行政和法律手段坚决制止破坏生态环境的项目。

第 6 章 西部地区低碳社会发展的潜在贡献

西部地区占我国国土面积的2/3以上，资源丰富。在当前深化西部大开发的情形下，西部地区在实现经济可持续发展的同时，也应该降低碳排放强度与单位能耗，使能源资源的使用得到可持续发展，环境得到保护。

基础设施和区域经济的发展存在着同步增长的关系，且基础设施是经济发展的前提（白永秀和严汉平，2002）。西部地区基础设施落后于中东部地区，严重影响了西部地区的经济发展。由于受地形和经济发展水平等因素的影响，西部地区交通运输网密度低，道路通达水平低，且道路质量差；同时西部地区文化、教育、卫生、城市和环境基础建设方面也较落后。因此，在低碳城市建设的过程中，西部地区应对交通、电力、供水和通信等方面的基础设施加大建设，为地区产业的发展提供保证，同时提高居民的生活质量，增强城市的竞争力。而地区产业的发展，尤其是产业集聚的形成，也会促使基础设施的不断完善。

尽管目前西部地区的经济发展落后于中东部地区，软硬条件也不如中东部地区，但西部地区拥有自己的发展优势。西部低碳发展的潜在贡献主要体现在民生、生态文明、区域经济差异和社会可持续发展四大方面。

6.1 西部地区后发优势

6.1.1 新能源产业

西部地区地域辽阔，地貌气候条件差异显著，能源种类较多，除了拥有丰富的煤炭、石油、天然气等化石燃料资源外，西部地区的水能、风能、太阳能等可再生能源也较为丰富。根据2016年《中国统计年鉴》，西部12个省份（自治区、直辖市）的煤炭基础储量占全国总储量的44.84%，石油基础储量占全国的40.69%，天然气基础储量占全国总储量的83.15%。西部地区地势高低起伏，因而河流落差大，蕴含丰富的水能资源。我国西部地区水能资源理论蕴藏为5.8亿千瓦，占全国水能资源理论蕴藏总量的83.57%（罗正明和周祥志，2006）。同时，西北地区由于纬度、海拔等原因，太阳能资源十分丰富。

依托丰富的水能、太阳能、风能等新能源资源，西部地区大力发展新能源产业，可为低碳经济的发展提供低碳能源支撑。在水能、风能和太阳能资源的开发上，西部地区通过大力建设水电站、风能基地和太阳能电站，不仅可以满足本地区的电力供应，还可以提供电力给东部地区，实现“西电东送”①，而水能、风能、太阳能等作为清洁、无污染的可再生能源，不仅可以减少化石能源的消耗，减少污染，同时新能源的开发，也可以优化能源结构，推动低碳经济的发展。

6.1.2 矿产资源产业

西部地区矿产资源不仅种类多、储量大，且分布集中易于开采。目前西部已探明130多种矿产资源的储量。其中钒、钛、铜、铅、锌、汞、锂等矿产储量占全国比重最大。基于丰富的矿产资源，西部地区矿产资源企业迅速发展，并促进了西部地区的经济发展。但西部地区矿产资源产业粗放发展，技术较为落后，深加工能力较弱，产品附加值较低，且长期不合理的发展，对西部较为脆弱的环境造成严重破坏。

因此，在低碳经济的建设中，西部地区应在已有矿产资源产业的基础上，积极推进产业技术创新，增加科技投入，推动相关产业技术的升级和产业转型；通过技术投入，提高产品附加值，提升产业价值链；发展循环经济，实现资源型产业的可持续发展（谢雄标和严良，2011）。

6.1.3 特色农业和生态农业发展

西部地区是我国重要的农牧区，其耕地面积占全国的1/4以上，草地面

---

① http：//www.escn.com.cn/news/show-391682.html，2017-05-16。

积约占全国的2/5，并拥有全国的三大牧区，即内蒙古、新疆和西藏；且西部地区光热条件充足，气候类型多样，水资源总量约占全国的50%（农业部，2000），良好的自然条件也促使西部地区的地方特色农产品蓬勃发展。

基于丰富的农业资源条件，西部地区在低碳农业的建设中发展特色农牧业。西部地区的地方特色农产品历史悠久，棉花、瓜果、蔬菜、花卉、烤烟等农作物产量高、质量高，在市场中占据较大份额，拥有较大的竞争优势（农业部，2000）。但西部地区的资源环境较为恶劣，水热资源不协调，尤其是西北内陆地区受温带大陆性气候的影响，气候干旱，蒸发量大，水资源短缺，土地荒漠化严重，严重制约了农业的发展。

因此，在低碳农业建设中，西部地区应大力发展地方特色农业和生态农业。新疆大力发展棉花和瓜果，已成为我国重要的棉花产区和瓜果生产基地；广西和云南盛产甘蔗，大力发展制糖业；西北地区建设苹果、葡萄等优质水果生产基地；云南等地是我国重要的花卉生产基地；宁夏、甘肃、新疆和青海等地发展中药材生产（农业部，2000）。与此同时，西部地区还应致力于退耕还林、退牧还草，调整农业结构，发展林业、果业、旱作农业和生态农业等（胡金荣和刘晓琴，2011），逐步实现低碳农业。

6.1.4 旅游业

西部地区幅员广阔，地形地貌及气候复杂多样，使得西部地区拥有风景秀丽的自然景观。作为中华文明的发源地之一，西部地区拥有悠久的文化底蕴，人文景观和民族特色风情也极为丰富多彩。西部地区旅游资源分布广、数量多，且类型多样，如内蒙古的草原风光，敦煌的莫高窟，四川的九寨沟，云南的香格里拉等旅游景点驰名中外，吸引大量的游客前来观赏。

西部拥有得天独厚的旅游资源，大力发展旅游业，不仅可以吸引大量游客，也能带动经济的可持续发展。在旅游发展上，西部地区应着重开发特色旅游产品，推出旅游精品线路；在政府投资的基础上，加大招商引资，做好景区基础设施的建设，完善接待设施，改善旅游区环境。西部旅游业的发展不仅能提高当地经济水平，还能带动关联产业发展，扩大就业、优化产业结构，并实现经济可持续发展（王敬生，2004）。

6.1.5 边境贸易

西部地区的新疆、内蒙古、西藏、云南、广西等省（自治区）与蒙古、俄罗斯、哈萨克斯坦、吉尔吉斯斯坦、塔古克斯坦、阿富汗、巴基斯坦、印度、缅甸、尼泊尔、越南、老挝等十多个国家和地区接壤，边境贸易较为发达，而中巴公路、滇越铁路、滇缅公路和新亚欧大陆桥更是促进了边境贸易的发展（那颖，2008）。

在低碳的经济建设中，西部地区应进一步加强边境贸易的发展，尤其是“一带一路”倡议的提出，更进一步促进西部地区的对外开放，加强与周边国家的联系（严妮飒和王亚东，2015）。

6.2 西部地区低碳发展潜在贡献

6.2.1 改善民生是低碳社会建设关键

全球气候变化深刻影响着人类的生存和发展，成为世界各国共同面临的重大挑战。中国是全球用能大国，也是温室气体排放第二大国，发展低碳经济、建设低碳城市是应对气候变化与实现可持续发展的必然选择和必由之路。党的“十八大”报告明确提出，要着力推进绿色发展、循环发展、低碳发展，形成资源节约和环境保护的生产方式与生活方式。构建以低碳生产方式与生活方式为基础的发展模式是实现低碳社会的重要途径，而低碳社会中最重要且最突出的是民生问题，特别是在经济发展水平相对落后的西部地区表现更为显著。大量的研究分析表明，西部地区碳排放强度较高，同时，西部地区在调整贸易结构和提高引进外资质量以及加强技术改进等措施后（高新才和马丽，2015），减排潜力空间也相对较大。

从低碳社会与民生改善的内在联系来看，低碳社会的低能耗、低污染、低排放的发展过程将形成高质量、高产出、高效益的发展模式，这将直接影响人们的生活方式、生活质量和生活水平等，从而有力促进和提升社会经济发展水平。

6.2.2 低碳经济与生态文明一脉相承

低碳经济与生态文明具有相似的产生背景。为了应对不断恶化的气候状况与能源短缺问题，人类必须努力寻求一种低碳节能的经济社会发展模式，低碳经济理念便应运而生。然而，生态文明正是人类为尽快寻求一种新的文明形态以进一步延续人类的生存背景下提出的。由此可见，低碳经济的产生和发展是人类陷入能源和环境危机而深刻反省自身的结果，生态文明的理念则主要着眼于全面解决生态环境问题。两者都是在经济发展受到自然生态系统约束下的产物。低碳经济不仅体现了生态文明自然系统观的实质，还蕴含着生态文明伦理观的责任伦理，并遵循生态文明可持续发展观的理念。

低碳经济与生态文明具有相容的目标性。低碳经济倡导通过技术进步、制度创新及产业转型升级，减少煤炭、石油等高碳能源消耗，减少温室气体排放，最终达到经济社会发展与生态环境保护双赢的目标。而生态文明则是在协调资源、环境保护与经济增长矛盾的过程中所探索出的一种新的文明形态。其核心思想是从文明重建的高度，以尊重和维护生态环境为主旨，以科学发展观为指导，以人与自然环境和谐共处为着眼点，确立可持续发展模式。从这个角度来看，低碳经济与生态文明具有相同的本质目标。

6.2.3 低碳经济是缩小区域经济失衡的必然选择

低碳经济可分为低碳生产和低碳消费（夏堃堡，2008），是经济发展方式、能源消费方式和人类生活方式的一次新变革（鲍健强等，2008），以能源技术创新和制度创新为核心（庄贵阳，2007）。中东部地区在技术和资金优势上远高于西部地区，经济发展水平差距明显，低碳经济试点城市多为发展程度高、碳排放强度较低的Ⅰ型城市和总体趋势良好、处于提高碳排放效率转型期的Ⅱ型城市，部分中部城市仍面临较高的减排压力，而西部地区低碳试点城市多为发展水平中等、人均排放低的Ⅲ型城市和发展水平低、碳排放强度高的Ⅳ型城市。基于低碳试点城市人均 GDP 和人均碳排放水平，西部地区主要类型为发展型、后发型和探索型，东部地区城市和发达城市等主要属于领先型（丁丁等，2015）。目前西部经济水平尚处于中国短板效应期，技术创新是西部崛起的重中之重，低碳经济在全国范围内的推广，使西部地区吸取成功的试点经验在技术上得以突破，增进了区域间以及与国际的合作与交流，而近年来在西部大开发政策倾向背景下，西部城市在全国区域中发展速度最快，缩小了与发达城市之间的差距。

在低碳生产过程中，应开发低碳能源系统，发展清洁能源，保障能源安全。低碳技术降低了能源消耗总量，提高了能源利用效率，推动了产业结构改革，可以优化西部地区经济发展方式，为低碳产业提供核心支持。技术创新主要体现在交通、建筑、电力和产业生产环节等方面，低碳经济最典型的发展模式为循环经济。低碳技术应用到农业生产，减少了化石燃料的使用，增加了作物产量，降低了干旱、洪涝、寒潮等极端气候事件造成的经济损失和粮食安全问题。

消费模式是经济发展过程中的重要环节，而低碳消费手段与对象决定了低碳程度。低碳消费以有限资源利用最大化为理念，提高了生存环境质量和生活质量，消费观念的转变影响着资源能源的利用方式和经济发展速度及转型。低碳消费降低了能源消耗强度、减少了环境脆弱度，利用低碳技术研发替代能源实现可持续利用。

6.2.4 低碳社会是我国实现社会可持续性发展的必由之路

城市发展低碳经济是实现城市可持续发展的必然选择，是实现社会可持续性发展的必由之路，也是实现2020年全面建设小康社会目标和国家减少碳排放量承诺（即到2020年碳排放量在2005年的基础上下降40%～45%）的重要助力。低碳发展是衡量国民经济和社会发展状态的重要指标（顾朝林等，2009）。杨嵘和常煊钰（2012）通过对西部地区碳排放总量与经济增长之间的脱钩关系研究，发现两者之间基本呈现弱脱钩，偶尔显示强脱钩，说明降低碳排放总量的同时能够保持经济增长。颜艳梅等（2016）研究发现，GDP发展水平与碳排放强度呈负相关，碳排放强度越低，经济发展水平越高，居民生活质量也越高。

资源禀赋和能源生产消费方式影响着城市可持续发展能力。西部地区自然资源丰裕，人文资源相对稀缺，具有资源型城市的典型特征，技术与人才的引进是加快西部城市化进程的关键要素，是实现资源可持续利用和环境保护建设的基础（郭存芝等，2014）。随着西部地区城镇化水平的提高，就业机会不断增加，人才流失逐渐减少，农村人口向城市迁移，中东部地区人口向西部地区流动，西部地区城市人口密度不断增大。在农村地区，碳排放量与贫困人口收入水平之间成正比（杨丽雪等，2014），由于西部地区人口密度较小，人均GDP对碳排放强度的影响小于东部等人口密度大的地区。

西部地区具有独特的资源后发优势。低碳城市助推西部地区城市化进程，在政策倾向性的引导下，西部地区投资空间潜力变大，资源禀赋使西部地区发展的后发潜在优势大，低碳成本投入在短期内大于低碳模式经济效益，而在长期发展方面，低碳经济的生产消费模式、能源利用和产业结构更加合理，“低排放、低能耗、高效率”低碳模式的实现，有助于促进城市可持续发展。

第7章 案例城市研究

金昌和昆明作为全国低碳试点城市，均属于发展水平低/碳排放强度高的类型城市，第二产业在国民经济发展中所占比重很大，碳排放率较高。在低碳发展指数中，环境指数处于相对优势，而社会指数则相对较弱，目前两个低碳试点城市正处于发展转型期，由于社会经济基础薄弱，且主要依赖于资源产业，低碳转型存在较大压力。金昌位于西北地区，而昆明位于西南地区，选取这两个城市作为研究案例，具有西部城市低碳发展的代表性，两者低碳发展类型具有一定相似性，可以相互借鉴。

7.1 金昌市低碳社会建设实践

7.1.1 自然和社会概况

7.1.1.1 自然概况

金昌市位于东经101°04′35″~102°43′40″，北纬37°47′10″~39°00′30″，甘肃省河西走廊东段，祁连山北麓，阿拉善台地南缘，北、东与民勤县相连，东南与武威市相靠，南与肃南裕固族自治县相接，西南与青海省门源回族自治县搭界，西与张掖市民乐、山丹县接壤，西北与内蒙古自治区阿拉善右旗毗邻，总面积达9600平方公里①。

金昌自然生态环境较脆弱，受巴丹吉林沙漠的影响，风大沙多、干旱缺水，生态承载力低，自然净化力差，高污染产出与低污染处理之间的矛盾成

① 详见金昌政府服务网（http：//www. jc. gansu. gov. cn/art/2017/4/26/art_ 12001_ 116872. html）——金昌市农业基本情况概述。

为制约金昌实现生态发展的主要因素（曲建升和边悦，2015）。境内生态环境由三大系统构成：南部由祁连山森林草原植被群落形成水源涵养林生态系统，为“绿色水库”，是全市工农业生产和生活用水的源泉；北部由大面积的秃山和戈壁形成荒漠草原生态系统，为区域内干旱气候和沙尘暴的起源地，对工农业生产危害很大；中部为灌溉区，是工农业生产和人们活动的集中地，也是通过植树造林、兴修水利建立起的一个比较脆弱的绿洲生态系统（吴承华，2003）。

金昌气候条件严酷，属于典型的温带大陆性气候，夏季炎热干燥，降水稀少，蒸发量大；年日照时数达 2969.8 小时，年平均气温为 9.4℃，无霜期为 179 天，年降雨量为 120 毫米，年蒸发量为 2400 毫米，光照充足，气候干燥，全年多西北风，昼夜、四季温差较大，霜期长，春季多大风，境内气温北高南低，降水北少南多①。金昌为古丝绸之路重要节点城市和河西走廊主要城市之一，自古以来自然条件较为严酷，区域年均蒸发量是降水量的 18 倍，是全国 110 个重点缺水城市和 13 个资源型缺水城市之一（详见 2006 年《金昌市生态文明体制改革实施方案》）。

7.1.1.2　社会概况

1981 年，金昌设市，以开采冶炼镍铜等有色金属为主，属于资源型城市，被称为“中国的镍都”。铜镍矿规模巨大，居全国第一位、世界第三位，已探明镍储量 553.1 万吨，占全国总储量的 82.4%；铜储量 350 万吨，占全省铜储量的 80%，仅次于江西德兴铜矿。金昌能源资源亦相当丰富，已探明煤炭资源储量近 8000 万吨，位于市区以北 70 公里的西大窑–红沙岗煤田，初步估算地质储量为 9.48 亿吨；发源于祁连山北坡的东西两大河的能源蕴藏量为 10 万千瓦，可装机容量为 3 万千瓦，目前开发利用率仅为 20% ~30%。同时，金昌拥有充足的太阳能辐射能量，可供全年利用（夏丽萍，2010）。

近年来，金昌市能源消耗较大，能源消费保持较快的增长态势。2013 年全市能源消费总量为 499.57 万吨标准煤，主要耗能行业为公用电力与热力、有色金属、化工、钢铁和建材，所消耗能源占能源消费总量的 80% 以上；碳

① 详见金昌政府服务网关于金昌市农业基本情况概述（http://www.jc.gansu.gov.cn/art/2017/4/26/art_12001_116872.html）。

排放总量达到1228.94万吨二氧化碳，主要排放行业为公用电力与热力、有色金属、化工、钢铁和建材，所排放二氧化碳占总排放量的80%以上（图7-1和图7-2）。

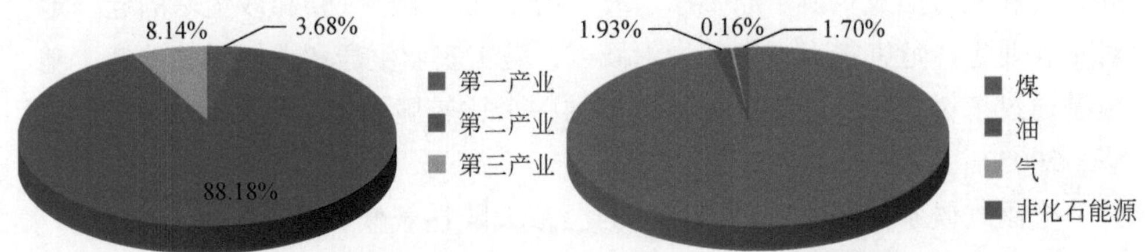

图7-1　三次产业能源消费结构

图7-2　能源消费类型

资料来源：金昌政府服务网；《金昌市低碳城市试点工作实施方案》

2015年末，金昌市常住人口为47.05万人。其中，城镇人口为31.98万人，乡村人口为15.07万人，城镇化率达到67.97%；2014年地区生产总值达到256.10亿元，按可比价计算，比2014年增长3.25%。农业和服务业增加值增长速率相对较快，重工业增加值增长速率有所减缓，但增长值仍高于第一、第三产业之和，三大产业结构失衡比较显著。2014年人均GDP达到54 565元，超过西部大部分城市的平均水平。

7.1.2　低碳发展基础

根据相关年鉴指标数据，结合低碳城市发展的衡量标准，判断城市低碳发展可从经济发展、社会发展、生态环境、能源消耗和政策制度等方面进行评估。

7.1.2.1　经济发展

（1）产业化生产形成规模化

近年来，金昌市以资源型城市转型升级和可持续发展为主导，以“一区三园”工业经济园区（金昌经济技术开发区、金川新材料工业园、河西堡化工循环经济产业园、永昌工业园）和三大现代循环农业园区（金昌现代畜牧循环产业园、金川现代循环农业示范园、永昌清河现代循环农业产业园）为平台，着力培育“四大重点产业”，主导产业发展水平逐步提升。以创建国家新能源示范城市和低碳试点城市为目标，着力培育新能源产业；以资源综合利用为依托，以创建全国循环经济示范市为目标，着力培育节能环保和循环经济产业，工业、农业、服务业三大循环体系基本构建，循环经济“金昌模式”被确定为国家区域循环经济12个典型案例之一，驻地省属企业金川集团股份有限公司被确定为国家循环经济示范企业[①]。

(2) 工业经济转型升级步伐加快

重工业企业生产经营复杂，能源消耗大，金昌市实施“一企一策”就地消纳试点（详见《2016年金昌市政府工作报告》[②]），转型问题得到有效解决，2015年新能源企业新增发电量4.2亿千瓦时；第三产业结构占比扩大，生态旅游是金昌第三产业的发展主体；现代化农业逐渐替代部分传统农业发展，减少了贫困人口数量，并从农业生产源头降低了温室气体排放。

(3) 产业结构调整初具成效，而不平衡现象仍显著

金昌市矿产资源丰富，有“中国镍都”之称，重工业比重大，是典型的资源型城市。主导产业是有色金属、化工、能源和新材料，是我国最大的镍钴生产基地、铂族贵金属提炼中心和全国资源综合利用三大基地之一，也是北方最大的铜生产基地和西北地区重要的化工基地。第一产业和服务业发展相对滞后，比重偏低，资源型工业仍占主导地位，产业结构单一。金昌市现有工业产业链条较短，产品经济附加值较低，转型难度大，直接影响经济的可持续性发展（据《2015年金昌市国民经济和社会发展统计公报》）。“十一五”期间，金昌市经济总量不断扩张，特别是第二产业占绝对优势，三次产业结构比为5.31∶79.29∶15.4，其中工业占国民经济的比重为据绝对优势[③]。“十二五”期间，面对“三期叠加”多重整改压力，金昌市主动优化产业结构，大力发展第一、第三产业，改革第二产业，2014年三次产业结构比已调整为6.7∶66.17∶27.13（图7-3）。

① http：//yis. jc. gansu. gov. cn/arnt/2016/6/2/art_ 19582_ 253709. html。

② http：//xxgk. jc. gansu. gov. cn/xxgk/jcms _ files/jcms1/web1/site/art/2016/3/8/art _ 2786 _ 14241. html。

③ http：//www. jc. gansu. gov. cn/art/2013/9/16/art_ 7265_ 96133. html。

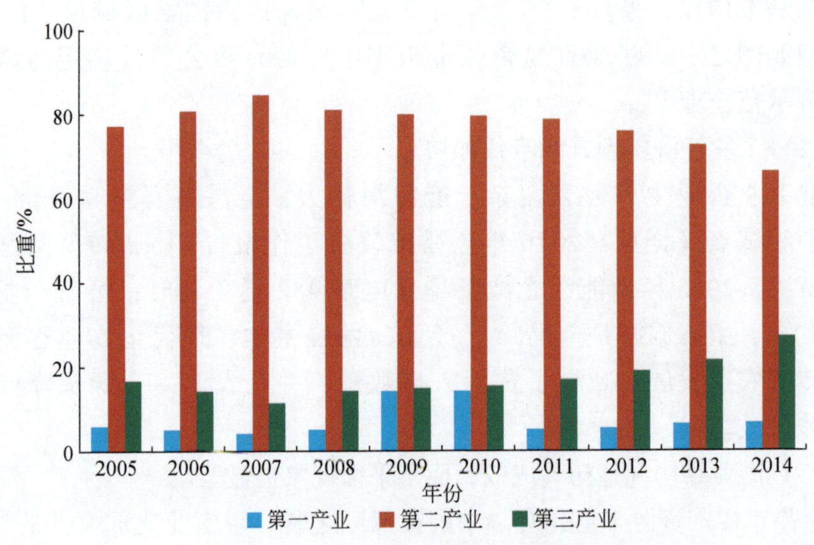

图 7-3　金昌历年三大产业结构比重

资料来源：金昌市人民政府；《金昌市低碳城市试点工作实施方案》

（4）经济实力整体趋于上升，发展呈现下行新常态

2010 年全市实现生产总值 210.51 亿元，是 2005 年的 1.82 倍，年均增长率达 13.1 个百分点，2014 年生产总值达到 256.10 亿元，是 2010 年的 1.22 倍，年均增长率达 4.3 个百分点（图 7-4）。

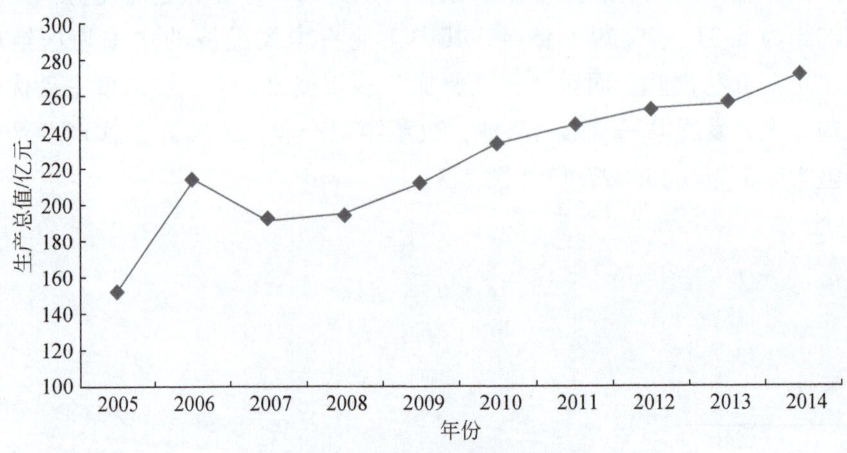

图 7-4　金昌市历年生产总值

资料来源：甘肃统计局，2015

“十二五”期间，金昌市处于转型期，通过产业结构调整与体制改革，民生持续改善、人民群众切身利益得到维护，经济社会发展基础较好。自2011年以来，人均GDP已达到5万元以上，人均可支配收入达2.6万元，均居甘肃省前列（图7-5）。

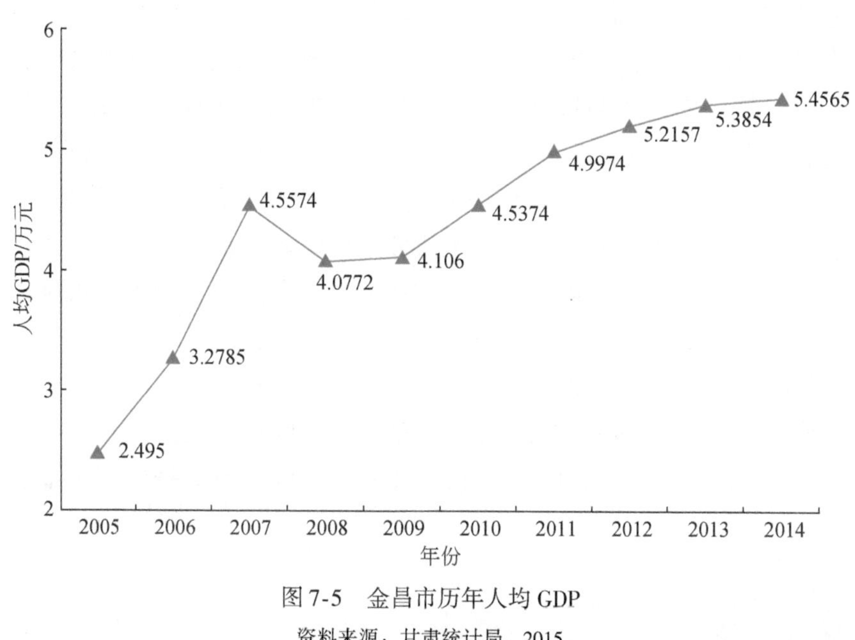

图7-5　金昌市历年人均GDP

资料来源：甘肃统计局，2015

7.1.2.2　社会发展

2013年，金昌市新型城镇化发展经验入选“全国新型城镇化范例征集”活动十大典型案例。一是“以地换房产、以地建保障”的城中村改造模式。整体推进城中村改造，让农民直接融入城市、成为市民；将失地农民全部纳入城市低保，使农民经济有来源、就业有出路、生活有保障。二是“集中新建、进滩增地”的近郊村建设模式。在国有荒滩上集中连片规划建设新农宅，配套基础设施和公共服务设施建设，用城市社区的管理方式管理农村社区，实现了基本公共服务和社会管理城乡接轨。三是“就地改造、综合整治”的远郊村建设模式。按照“散居户向大村集中、小村向中心村集中”的要求，对地处远郊、人口相对集中的村庄，采用组团模式统一设计和建设新农宅，政府出资在集中居住区配套建设公共基础设施。四是“产业带动、城乡融合”的小城镇建设模式。引导农民进入园区转岗就业、从事第二、第三产业和现代农业生产，促进产城融合，在河西堡镇、朱王堡镇和水源镇等现代农业产业园区、工业园区配建了公租房住宅小区。五是“扶贫开发、城乡一体”的易地搬迁模式。大力推进生态移民和“下山入川”工程，通过土地流转和物权转让程序向有条件的城镇安置移民[①]。

金昌市新型城镇化建设管理水平和城镇化率不断提高（图 7-6）。城乡一体化管理扩大了城市土地空间规划，市区改建完善并升级基础设施，引用“互联网+”逐步向“智慧城市”方向发展。不断探索实践城镇化改革试点工作，在小城镇建设及综合改革、城乡一体化及统筹城乡综合配套改革方面积累了丰富的经验，为开展国家新型城镇化试点工作打下了坚实的基础。2000 年，永昌县朱王堡镇被列为全国小城镇综合改革试点镇；2004 年，永昌县城关镇、河西堡镇被确定为全国重点镇；2007 年，永昌县和金川区被确定为全国农村社区建设实验县（区）；2008 年，永昌县朱王堡镇被确定为第二批全国发展改革试点小城镇；2009 年，金昌市被列为全省城乡一体化发展试点市和统筹城乡综合配套改革示范区；2011 年，金川区被确定为全国农村土地承包经营权登记试点单位；2014 年，永昌县和金川区双湾镇被确定为全省新型城镇化试点。

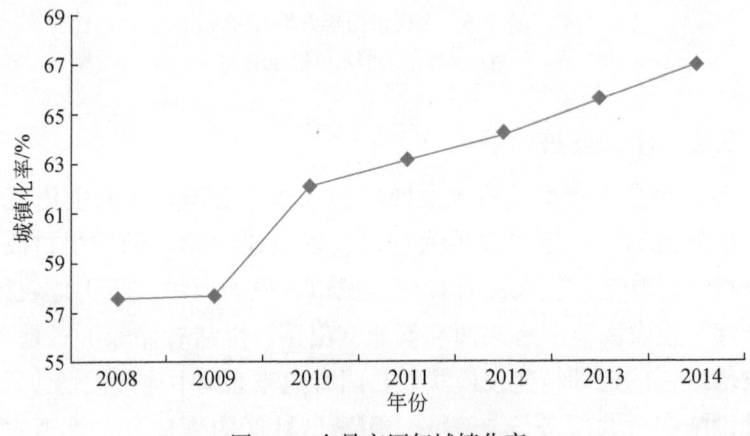

图 7-6　金昌市历年城镇化率

资料来源：甘肃统计局，2015

① http：//yjs. jc. gansu. gov. cn/art/2016/6/2/art_ 19582_ 253709. html。

近年来，金昌市城镇人口持续增加，城镇化率处于上升趋势，2014 年达到66.92%，高于全国和甘肃省平均水平，就业人数不断增加，城镇登记失业率不断减少（图 7-7），农村贫困人口也呈现下降趋势，全市人民生活基本达到富裕水平。城区建成区面积在 2014 年末达 2.2 平方公里，占城区面积的 80.69%，全部用于城市建设，城市人口密度为 4512 人/平方公里，近年来基本保持稳定[①]。

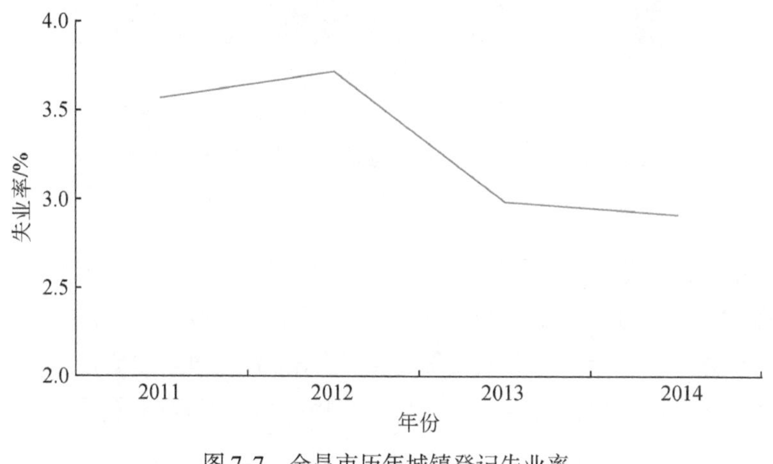

图 7-7 金昌市历年城镇登记失业率

资料来源：甘肃统计局，2015

7.1.2.3 生态环境

作为典型的资源型工矿城市，金昌工业发展迅速，二氧化硫等主要污染物排放量大，改善环境空气质量的任务艰巨。金昌市提出“循环发展、生机无限，资源有限、循环无限”的循环经济发展理念，宣传低碳意识，将金昌新的可持续发展理念带进校园、融入家庭，推动金昌社会文明进程。中国社会科学院《2013 年城市竞争力报告》显示，金昌位居全国宜居城市百强第 77 位，宜居竞争力在甘肃省排名第一，城市人均公园绿地面积及建成区绿化覆盖率如图 7-8 所示。

① 《2015 年金昌市国民经济和社会发展统计公报》。

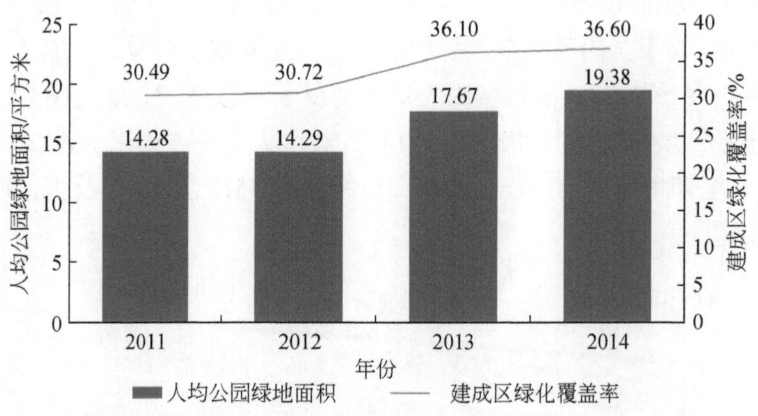

图 7-8　金昌市人均公园绿地面积及建成区绿化覆盖率

资料来源：甘肃统计局，2015

金昌市正向国家级生态园林城市标准发展，2015 年市区环境空气质量达标天数达到 301 天，约占全年天数的 82.5%，城市园林绿地面积达 1354.7 公顷。市政府正致力于建设全国工业固废综合利用示范基地和全国矿产资源综合利用示范基地，加大环境保护力度，三废排放治理能力不断提高（图 7-9）[①]。

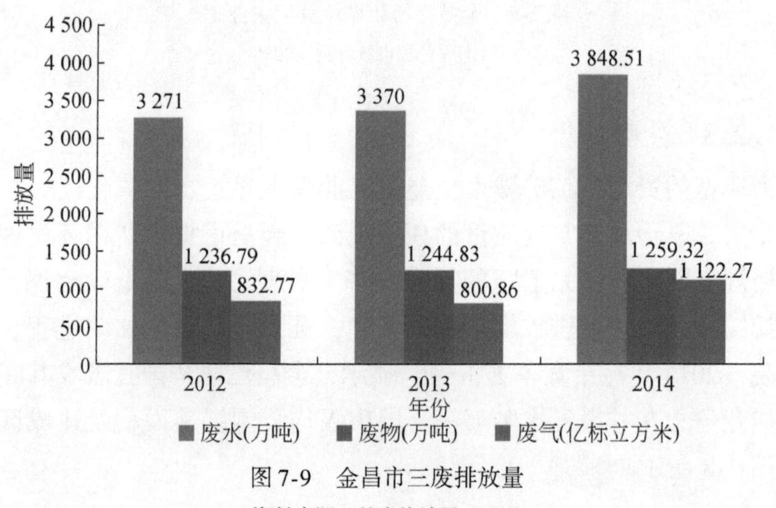

图 7-9　金昌市三废排放量

资料来源：甘肃统计局，2015

① http：//yjs. jc. gansu. gov. cn/art/2016/6/2/art_ 19582_ 253709. html。

生态环境脆弱性对林业发展有一定的限制作用。1981 年，金昌设市，林地面积仅为 56.1 万亩，经过近 30 年绿色发展，现有林地面积已达到 359.3 万亩，森林覆盖率由最初的 4% 提高到 2014 年的 24.18%，增加了 20.18 个百分点。金昌建市以来，林业部门大力实施三北防护林建设、天然林保护、防沙治沙、退耕还林、野生动物保护和自然保护区建设等国家林业重点工程，以及北部防护林建设、林业“四化”建设、市区北部绿色长廊和地方林业重点工程。“十一五”期间，金昌市营建林地 23.1 万亩，其中完成人工造林 9.8 万亩，封育 13.3 万亩；完成沙化土地治理 177 万亩。林业产业优化，经济林业产值持续增加，城市生态环境系统得到跨越式改善①。

7.1.2.4 能源消耗

金昌市经济发展快速，能源消耗总量大，且每年能耗增长率逐渐减小，2013 年能耗总量为 499.57 万吨标准煤，较 2012 年增长 7.72%，比 2012 年增长率减少 3.59%；面对脆弱环境和经济压力，单位 GDP 能耗每年保持下降趋势，2013 年下降到 1.53 吨标准煤/万元，经济活动中能源的利用率在不断增长，经济增长方式逐渐由粗放型向集约型转型，能源利用技术水平提高，能源生产与消费的管理水平也不断提高，资源型产业发展正逐渐减少对能源的依赖程度，企业设备设施技术更加科学。金昌市水电、风电和太阳能等替代能源发电规模日渐扩大，而居民节能减排意识的加强及节能技术的提高，使全社会用电量小幅下降，在三次产业结构中，服务业用电量明显上升，农业规模生产大大降低了第一产业用电量；重工业能耗消费整体呈下降态势。二氧化碳排放量是低碳发展指标中最关键要素之一，2013 年金昌市碳排放总量达 1 228.94 万吨二氧化碳，人均碳排放量为 26.23 吨二氧化碳，具体见表 7-1。

表 7-1　金昌市能源指标数据

项目	2007 年	2008 年	2009 年	2010 年	2011 年	2012 年	2013 年
能耗总量/万吨标准煤	284.700	288.140	323.990	349.910	416.650	463.760	499.570

① http://yjs.jc.gansu.gov.cn/art/2012/8/16/art_4271_57330.html。

续表

项目	2007 年	2008 年	2009 年	2010 年	2011 年	2012 年	2013 年
二氧化碳排放总量/万吨	700. 362	708. 824	797. 015	860. 779	1024. 959	1140. 850	1228. 942
人均二氧化碳排放/（吨/人）	14. 895	14. 989	16. 755	18. 535	22. 000	24. 408	26. 226
单位 GDP 电耗/（千瓦·时/万元）	2666. 250	2722. 670	2646. 560	2613. 490	2729. 830	2150. 820	1855. 650

金昌市产业转型虽取得一定成效，但经济增长速率有所减缓，整体经济属于上升阶段，能源消费需求仍在扩大，能源消耗总量一直在增长。随着技术创新及低碳社会的建设实施，金昌市单位 GDP 能耗基本保持下降趋势，目前处于较合理水平，如图 7-10 所示。

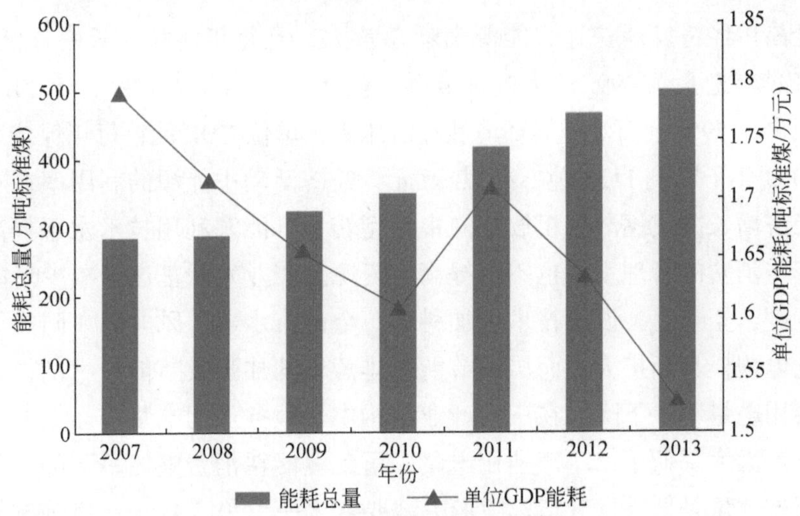

图 7-10　金昌历年能耗总量和单位 GDP 能耗

资料来源：甘肃统计局，2014

本章参考国家发展和改革委员会给出的标准，根据中国的煤炭利用比例，建议取值煤炭的含碳量为 67%，即 1 千克标准煤燃烧排放 0. 67 千克碳，合 2. 46 千克二氧化碳，从而可计算出金昌市历年碳排放总量及人均碳排放量（图 7-11）。自 2008 年以来，金昌人均碳排放量迅速增加，而碳排放总量的增长速度较稳定。

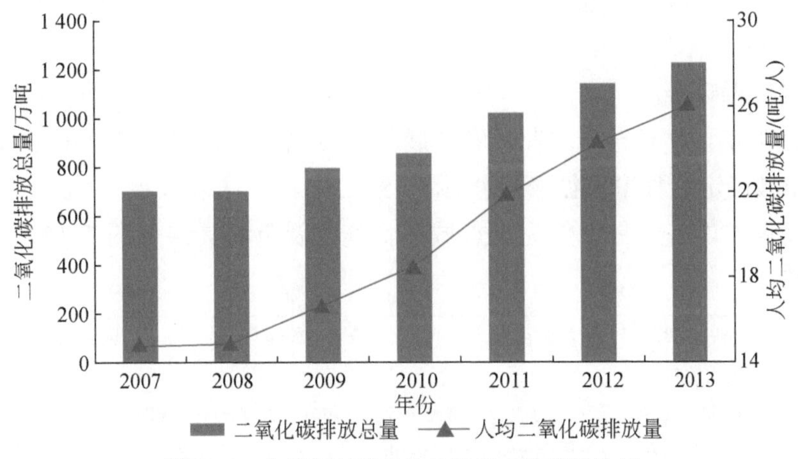

图 7-11　金昌历年碳排放总量及人均碳排放量

资料来源：甘肃统计局，2014

7.1.2.5　政策制度

(1) 生态环境方面

金昌市政府印发了《关于祁连山自然保护区金昌境内生态环境整治工作方案》，对保护区内设置的所有矿产开发、水电开发、旅游等项目进行核查和清理，集中力量解决影响自然保护区内生态环境的问题，消除污染隐患，确保生态环境安全。

围绕《金昌市“十三五”环境保护规划》和《金昌市生态文明建设实施方案》，金昌市政府以改善生态环境质量和保障生态环境安全为核心，以“创新、协调、绿色、开放、共享”为发展理念，深入推进生活方式绿色化，创新宣传“环境日”，充分发挥媒体舆论优势，大力宣传环境保护，倡导全民参与环保。通过对《环境保护法》《大气污染防治法》等法律的宣传和绿色创建、农村环境连片整治、生态乡镇、生态村创建，环境普法教育“七进”等活动的开展，不断推动环境法制教育，引导公众和社会组织、环保志愿者有序参与环保工作，形成了全社会重视和全民参与生态环境保护的良好氛围，为建设“生态文明金昌”做出积极贡献（据《金昌市 2015 年度环境统计公报》）。

2016 年，金昌市环境保护局制定了环境监察方案，实施分级网格化管理；为响应《甘肃省生态文明体制改革实施方案》，制定金昌市生态文明体制改革实施方案，加快推进生态文明建设。2017 年，金昌市发展和改革委员会编制了《金昌市祁连山生态保护与建设综合治理规划实施方案（2017—2020 年）》。

（2）循环经济

2004 年，甘肃省委、省政府开展了发展循环经济的基础工作；2005 年，金昌市被确定为甘肃省循环经济示范区；2007 年甘肃省被列为第二批循环经济试点省份，金昌市作为试点城市，其发展历程具体如图 7-13 所示（陈俊，2015）。

1）2008 年，第一次循环经济现场会在金昌召开，以“企业小循环、产业中循环、区域大循环”为特征，讨论金昌模式发展。

2）2010 年，响应“区域大循环”的“金昌模式”成为甘肃省五大循环经济发展模式之一。

3）2011 年，国家发展和改革委员会公布了 60 个城市的循环经济典型模式案例，资源型城市代表“金昌模式”被确定为全国区域循环经济 12 个典型案例之一，在全国范围内推广，并将其作为培训教材参考案例。

4）2012 年，甘肃省在金昌召开第二次循环经济现场会，金昌市首届循环经济研讨会也随之召开。

5）2013 年 6 月 21 日，中国甘肃循环经济国际博览会在金昌召开，以“资源有限、循环无限”为主题，认可了“金昌模式”的理论探索与实践成果，金昌循环经济发展已步入国家前列，有很强的推广性。

6）2013 年 9 月中旬，金昌市作为国家循环经济示范市，由中国社会科学院循环经济与环境评估预测研究中心负责编制实施方案，以全国循环经济示范区为目标，并于 2013 年 12 月成功进入首批 19 个国家循环经济示范城市创建地区名单，成功示范了西部资源型城市发展方向与路径，国家发展和改革委员会更加重视对其改革资金的投资、优惠政策的鼓励与支持等。

7）2014 年，甘肃省提出“丝绸之路经济带甘肃黄金段”建设方案，为金昌市发展带来机遇，金昌市循环经济的发展也助推了资源节约型和环境友好型社会建设。

图 7-13 金昌市循环经济发展历程

金昌发展模式注重技术创新，在重工业支柱产业优质化的基础上，循环利用能源、原材料和废弃物，平衡发展相关产业，形成独特的“金昌模式”，即“通过构建资源循环利用产业体系，从依赖单一资源发展向多产业共生发展转型的资源型城市循环经济发展”。

7.1.3 低碳发展路径选择

7.1.3.1 低碳循环经济

金昌经济发展高度依赖于资源，现有矿产资源储蓄量持续减少，环境承载力有限，重工业产业仍占最大比重，处于主导地位，近年来产业结构变化指数增减幅度比较缓慢，资源依赖型产业的转型难度系数较高，还处于规模发展阶段，第二产业 GDP 增长值占据主要份额。

为实现可持续性综合发展，提高资源可持续利用能力，金昌市逐步探索并遵循国家政策方针，坚持走循环经济之路，摆脱环境资源约束与环境压力，将资源优势转为产业优势、竞争优势和经济优势（贺玮，2015）。①开设循环经济示范基地。首批龙头企业的经济转型，将其成功经验分享给其他企业，开发并引进新能源产品，由大带小，跨企业合作形成工业园区，结合实际制定转型模式方案，打造主题生态工业区，实现企业小循环、产业中循环、区域大循环的循环经济发展格局（张永凯和杨亚琴，2015）。②政策鼓励引导企业开展清洁生产，特别是重工业污染行业，而现代化农业在生产过程中也应投入清洁生产技术，从源头降低能耗、减少碳排放量。③提高技术创新和循环经济产业生产效率，促进并构建企业内部以及企业间共生产业链条网络，实现企业间副产品和废弃物的资源再利用。④完善循环经济财政支持政策体系，建立生态环境补偿机制，根据实际让利企业，发挥价格在低碳循环中的推进作用，并进行绩效评估考核确保生态环境保护效益。

7.1.3.2 新型城镇化

（1）加快推进新型城镇化建设，促进城乡区域协调发展[①]

新型城镇化建设重在节能、绿色、低碳，据世界银行的研究结果，仅占全球陆地总面积 2% 的城市，却消耗了全球 67% 的能源，排放了全球 70% 的温室气体。近年来，金昌坚持走集约、智能、绿色、低碳、和谐的城镇化道路，大力实施城乡一体融合行动和城市品质提升行动，切实加快新型城镇化进程，缩小城镇产业发展差距，不断提升城乡环境质量、人民生活质量和城市竞争力，积极探索多元化发展，做好试点工作，使其可复制、可推广（据 2015 年《生态文明体制改革总体方案》）。城市支援农村，提供就业机会，扩大资金投入，完善公共基础设施，如交通、网络、供热、供水、灌溉工程等，保障低保收入家庭民生问题，减少低保农户数量，扩大城市对农村的带动力；农村为城市提供更多生产改造空间资源，推进美丽金昌、美丽乡村规划。

① http：//yjs. jc. gansu. gov. cn/art/2016/6/2/art_ 1958-253709. html。

（2）鼓励农村人口向城市迁移

2015年金昌市城镇化率达到67.96%，城市人口密度为3702人/平方公里。为鼓励农村人口进一步向城市聚拢，金昌市放宽户籍制度，鼓励农业人口进城就业落户城市，市区和永昌县城区内凡符合落户条件的本地农业人口和市外人口一律允许落户。

（3）合理规划城市空间布局

城市空间布局更加紧凑，从而减少因交通方式而产生的碳排放量。

（4）完善体制机制

体制管理标准化，确保民生得到保障，如农村个体迁移后的城乡医保标准、子女就学、就业问题和土地承包所有权问题等。

7.1.3.3　生态文明建设

干旱是我国西北地区最主要的特征，金昌市年均蒸发量是降水量的18倍，自然生态环境系统比较敏感，水资源总量较少，土地荒漠化日趋严重，极端气候事件发生频次增长，如沙尘暴、干旱等，以及人为原因所导致的自然生态环境脆弱性等级变高；工业污染物排放量大，市区二氧化碳、总悬浮颗粒物的年日平均值都超过国家三级标准；不可再生资源总量有限，为实现低碳发展，环境空气质量优质化、能耗最低化是生态文明城市建设的关键衡量指标。

石培基等（2009）对甘肃省14个地级市（州）的生态承载力进行了聚类分析，金昌市综合得分为负，排名处于后两位，生态承载力严重过载。金昌以重工业型为主，三大产业结构失衡，能耗强度大，自然生态系统脆弱，双重的生态环境压力要求金昌需要将生态文明建设放在突出地位，投入资金支持与政策扶持，平衡好经济发展与生态环境的关系，化自然生态价值为经济效益。

当前金昌市正处在转变经济发展方式、提高全面小康社会建设水平和基本实现现代化的关键阶段。以建设生态文明市为目标，坚持城乡环境治理体系统一，继续加强城市环境保护和工业污染防治，加大生态环境保护工作对农村地区的覆盖，建立健全农村环境治理体制机制，加大对农村污染防治设施建设和资金投入力度。倡导绿色生产和生活方式，建立健全生态保护与建设长效机制，探索走出内陆欠发达地区生态文明建设与转型发展相结合的路子，坚持生态文明体制改革和扶贫攻坚协同推进，探索生态扶贫致富新模式，建设繁荣、文明、和谐、宜居、宜业、宜游的美丽新金昌（据2016年《金昌市生态文明体制改革实施方案》)。

近年来，金昌市不断完善生态工程基础设施，创造全市居民幸福生存环境，城市生态环境脆弱度降低，实现经济社会发展与生态环境保护的有机统一，促进绿色金昌发展。健全自然资源管理体制，动员全民参与分类、分区、分级管理，实现最大效率，培养全市居民生态保护意识，因地制宜地探索生态建设与产业协调发展模式，逐步形成以生态农业为基础、以先进制造业和高技术产业为主导、以现代服务业为支撑的环境友好型产业体系（据2016年《金昌市生态文明体制改革实施方案》)。

7.1.3.4 技术创新

(1) 加大科教投资，注重专业人才培养

近年来，金昌市结合当地产业结构，开设相关学科专业，优先培养当地需求性技术与管理人才，发展金昌特色教育，建立健全现代职业教育体系，合理确定中等和高等职业学校的结构布局和人才培养任务，政策保障并支持企业参与教育行动，增设实习基地，有效对口工作岗位，鼓励低学历成人再入学深造，打造多元化教学形式；联合跨区域高校、科研机构创新教学理念，理论结合实际，科学改造升级本地各级各类学校，加强社区文化学习与宣传，建立文化服务流动站。

(2) 产业生产技术升级

提升各类固体废弃物综合利用能力，引导推动新型节能建材在新农村建设中的推广和应用；提高区域竞争力，遵循市场需求规律，创办自有品牌，创新产业生产技术，形成产业发展新优势；在运用经济手段同时与政府政策相结合，将能源产品阶梯定价全方位覆盖到城乡社区与企业，促使技术革新进程。

7.1.3.5 海绵城市规划

“海绵城市”的概念在“2012低碳城市与区域发展科技论坛”被首次正式提出。其理念是基于城市水文循环，重塑城市、人、水新型关系的新型城市发展。此发展理念不仅符合沿海城市发展，也能指导干旱地区缺水城市的发展模式转变。作为后者，金昌市是较早提出推进海绵城市建设的西部缺水性城市，并于2016年11月出台了《关于推进海绵城市建设的实施方案》。同时，为进一步改善城市生态环境，增强城市防洪能力，促进雨水资源利用，金昌市积极开展了海绵城市专项规划编制工作。

7.2 昆明市低碳社会建设实践

7.2.1 自然和社会概况

7.2.1.1 自然概况

（1）地理位置

昆明市位于云南省中部，是云南中部湖盆群的中心地带，地处北纬24°24′~26°33′，东经102°10′~103°41′，是滇中城市群的核心圈（刘丽萍等，2011）。昆明市东与曲靖市相连，西与楚雄彝族自治州接壤，南与玉溪市和红河哈尼族彝族自治州毗邻，北临与四川省隔江而望的金沙江。昆明市东西最宽为151公里，南北最长为218公里，全市辖区面积为21 012.53平方公里（昆明市统计局，2015）。

（2）气候条件

昆明市地处云贵高原，深受印度洋西南暖湿气流的影响，属于北亚热带低纬度高原山地湿润季风气候，具有冬无严寒，夏无酷暑，四季如春，气候宜人的特点，又由于地形高差大，相对高差可达3649米，因此具有典型的立体气候特征，海拔3400米以上为寒带气候，3000米以下有温带、亚热带气候分布（张云霞，2005）。

昆明市全年温差较小，2014年全年平均气温为16.4℃，最热月出现在6月，月平均气温为21.2℃；最冷月出现在12月，月平均气温为8.5℃。但是，由于昆明市地处云贵高原，海拔较高，云量较小，天气透明度高，紫外线强度高，常常一天之中有四季，故日温差较大，冬季日温差可达12~20℃，夏季日温差可达4~10℃。2014年全年日照时数为2636.4小时，日照率达到61.52%（按可照时数为4285.71小时计算），无霜期长达327天（昆明市统计局，2015）。

昆明市的补给水源主要来自于大气降水，具有干湿季节分明的特征。2014年，昆明市全年降水量为1078.4毫米，降水主要集中在5~10月，占全年降水量的91.79%；11月至次年4月为干季，降水量仅占全年的8.21%。全年相对湿度可达66%，且6~12月的相对湿度均可达70%以上，1~5月相对湿度在50%～60%浮动，故昆明市夏季易受洪涝灾害，而春季和冬季较为干旱。

（3）水资源与耕地状况

昆明市境内的河流、水系分属长江、珠江和红河三大流域，主要有金沙江、普渡河、牛栏江、南盘江、小江等河流和滇池和阳宗海两大高原湖泊。全市多年平均地表水资源量为66.44亿立方米，多年平均地下水资源量为21.77亿立方米，累计建成各类水库820座，蓄水工程总库容为27.88亿立方米。全市人均地表水资源占有量仅为1065立方米，低于全国平均水平，属于重度缺水城市（余兴奎，2012）。2015年，昆明市粮食播种面积稳定在350万亩，总产量为100万吨，农业灌溉用水有效利用系数为0.52（据《昆明市“十三五”高原特色都市现代农业发展规划（2016—2020年）》）。

7.2.1.2　社会概况

（1）行政区划

根据2015年昆明市统计年鉴，昆明市行政辖区共有6区（五华区、盘龙区、官渡区、西山区、东川区、呈贡区），1市（安宁市）、8县（呈贡县、晋宁县、富民县、宜良县、嵩明县、石林彝族自治县、禄劝彝族苗族自治县、寻甸回族彝族自治县），全市辖59个乡镇（其中4个民族乡），70个街道办事处（昆明市统计局，2015）。

（2）人口规模

2015年末，全市常住人口为667.7万人。其中，城镇常住人口为467.7万人，占常住人口比重为70.05%。人口自然增长率为5.98‰。2015年末全市户籍总人口为555.57万人。其中，城镇人口为317.71万人，占户籍总人口比重为57.2%。平均人口密度约为318人/平方公里（昆明市统计局，2016）。

昆明市人口以汉族为主，据中国第六次人口普查数据显示，汉族占全市常住人口的86.17%，各少数民族人口占全市常住人口的13.83%（国家统计局，2010）。

（3）经济

“十二五”以来，昆明市综合经济实力逐年增强。2015年，全市地区生产总值达到3970.00亿元，比上年增长8.0%。其中，第一产业实现增加值188.1亿元，同比增长5.8%；第二产业实现增加值1588.38亿元，同比增长

7.4%；第三产业实现增加值2193.52亿元，增长8.7%。按常住人口计算，人均地区生产总值为59 686元，增长7.2%。三产结构比调整为4.7：40：55.3。全市非公有制经济实现增加值1850.34亿元，比上年增长8.1%，占GDP比重的46.6%。完成规模以上固定资产投资3497.88亿元，比上年增长11.5%。全年实现社会消费品零售总额2061.66亿元，比上年增长8.2%。全年一般公共预算收入502.22亿元，比上年增长5.1%。

在农业方面，农牧业发展态势良好，全年实现农林牧渔业及农林牧渔服务业总产值328.58亿元，比上年增长5.9%。其中，农业产值181.49亿元，同比增长6.5%，全年粮食种植面积408万亩，粮食产量达到123.57万吨；畜牧业产值115.25亿元，同比增长4.1%；林区经济实力显著提升，2015年产值达到116亿元。

在工业和建筑行业方面，全市实现工业增加值1041.76亿元，比上年增长5.4%，其中，规模以上工业增加值增长5.4%。规模以上工业中，轻工业增长4.0%，重工业增长6.5%。全年建筑业实现总产值2071.93亿元，比上年增长10.0%。2015年新开工面积为4148.75万平方米，增长3.4%；房屋建筑竣工面积为3335.72万平方米，同比下降4.5%。全年建筑业实现增加值547.23亿元，比上年增长11.3%。

在交通方面全年公路货物周转量157.15亿吨·公里，增长8.3%；旅客周转量82.48亿人·公里，比上年下降0.8%。全年铁路货物周转量148.83亿吨·公里，下降4.8%；旅客周转量39.97亿人·公里，比上年增长8.5%。昆明机场全年旅客吞吐量3752.3万人次，比上年增长16.4%。年末全市机动车保有量215.07万辆，比上年增长9.7%，主城五区公交运营线路362条，新增公交线路14条，新增公交车辆923辆，日均客运量（包含轨道交通）279.06万人次，公共交通机动化出行分担率达54.3%（昆明市统计局，2016）。

7.2.2 低碳发展基础

本章根据低碳城市的内涵，构建了如下指标体系，主要包括目标层、准则层和指标层三个层次的指标。目标层是低碳城市发展水平，准则层则分为经济、社会、能源、资源、环境和政策这六个方面，而指标层是具体描述低碳城市发展水平的基础性指标（汪雨，2014），具体见表7-2。

表 7-2　低碳城市综合评价指标体系

目标层	准则层	指标层
城市低碳发展水平	经济	GDP 总量
		人均 GDP
		第三产业比重
	社会	城区人口密度
		城镇化率
		普通高等学校在校学生
		城镇登记失业率
	能源	能耗总量
		单位 GDP 能耗
		二氧化碳排放量
		人均二氧化碳排放
	资源	水资源
		矿产资源
		森林资源
	环境	废水排放量
		废物处理量
		废气处理量
		建城区绿化覆盖率
		城市人均公园绿地面积
	政策	

7.2.2.1　经济发展现状

2004 年，昆明市政府对经济发展战略做出重大调整，并提出推进新型工业化、实施工业强市的战略，自此昆明市经济就步入快速发展的阶段（杨继华，2013）。根据 2014 年昆明市国民经济和社会发展统计公报，截至 2014 年年底，昆明市全年实现地区生产总值为 3712.99 亿元，同比增长 8.1%。其中，第一产业实现增加值 187.56 亿元，同比增长 6.2%；第二产业实现增加值 1642.03 亿元，同比增长 8.2%；第三产业实现增加值 1883.40 亿元，同比增长 8.1%。按常住人口计算，人均地区生产总值为 56 236 元，同比增长 7.3%。三次产业结构比调整为 5.1∶44.2∶50.7。全市非公有制经济实现增加值 1725.47 亿元，同比增长 8.6%，占 GDP 比重的 46.5%（昆明市统计局，

2015）。

2005～2014年，昆明市经济增长情况见表7-3。从表可知，2005～2014年，昆明市地区生产总值呈逐年递增的趋势，且年均增长率为14.93%。2014年昆明市地区生产总值相比2005年增长了249.77%，共2651.44亿元。而市GDP增长速率呈“升—降—升—降”的趋势，其中2012年昆明市GDP的增速达到最高，为19.99%，到2014年，增速降至最低，为8.72%。2005～2014年，昆明市人均地区生产总值也呈逐渐增长趋势，年均增长率为13.81%，其中2014年人均地区生产总值相比2005年增长了220.25%，共38676元。综上来看，尽管昆明市经济仍在不断发展，但经济发展速率已变缓。

表7-3　2005～2014年昆明市经济增长情况

年份	地区生产总值/亿元	人均地区生产总值/元	GDP增长速度/%
2005	1 061.55	17 560	12.20
2006	1 207.29	19 730	13.73
2007	1 405.05	22 762	16.38
2008	1 605.39	25 826	14.26
2009	1 837.46	29 355	14.46
2010	2 120.3	33 549	15.39
2011	2 509.58	38 831	18.36
2012	3 011.14	46 256	19.99
2013	3 415.31	52 094	13.42
2014	3 712.99	56 236	8.72

资料来源：2005～2014年昆明市国民经济和社会发展统计公报

随着经济发展战略的调整，昆明市正逐步形成以农业为基础、高新技术产业为先导、基础产业和制造业为支撑、服务业全面发展的产业格局，产业结构逐步呈现“三、二、一”的结构形态，产业结构高级化程度的竞争力也显著提高，并首次进入全国十强（李思娴，2014）。

从表7-4和图7-13可以看出，昆明市第一产业总产值在2005～2014年呈缓慢增长趋势，2005年第一产业产值为77.31亿元，到2014年增至187.56亿元，年均增长率为8.88%。但从产业比重来看，第一产业产值比重一直最低，且比重逐渐呈下降趋势，所占比例从2005年的7.28%减少到2014年的

5.05%，下降了2.23个百分点。

表7-4 2005～2014年昆明市国内产业产值及产业构成 （单位：亿元）

年份	第一产业产值	第二产业产值	第三产业产值
2005	77.31	476.75	507.49
2006	81.55	557.21	568.52
2007	93.95	646.55	664.55
2008	104.9	740.26	760.23
2009	114.92	824.58	897.96
2010	120.30	960.86	1 039.15
2011	133.83	1 161.18	1 214.57
2012	159.16	1 378.48	1 473.5
2013	175.27	1 537.11	1 702.93
2014	187.56	1 642.03	1 883.4

资料来源：2005～2014年昆明市国民经济和社会发展统计公报

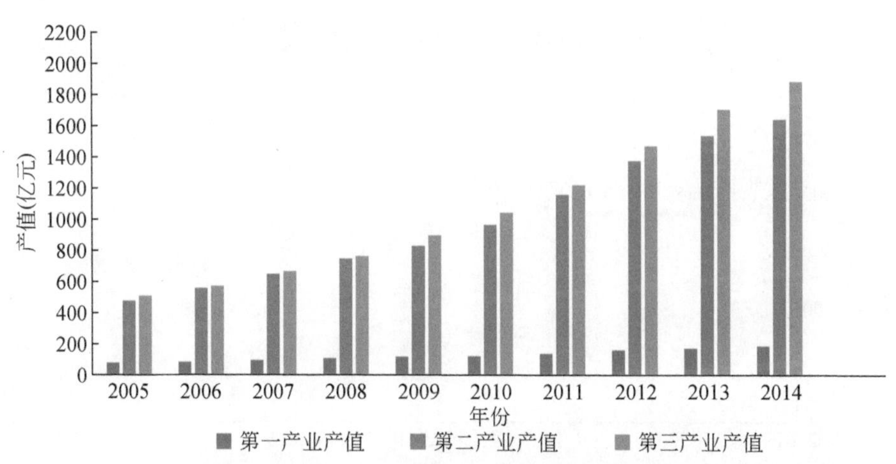

图7-13 2005～2014年昆明市三次产业演进轨迹

昆明市第二产业总产值在2005～2014年呈逐年增长的趋势，增长幅度总体大于第一产业。2005～2014年，第二产业产值增加了1165.28亿元，年均增长率达到14.73%。从产业比重来看，2005～2014年，第二产业产值比重一直低于第三产业产值比重，且昆明市第二产业产值比重总体呈“升—降—升—降”的趋势，其中，2011年，昆明市第二产业产值比重达到最大，为46.27%，到2014年第二产业产值比重降到最低，为44.22%，下降了2.05个百分点。

昆明市第三产业总产值在2005～2014年也呈逐年增长的趋势，2005～2014年，第三产业产值增加了1 375.91亿元，年均增长率达到15.69%。从产业比重来看，2005～2014年，昆明市第三产业产值比重一直最高，且其比重有增大的趋势。其中，2006年昆明市第三产业产值比重降至最低，为47.09%，到2014年第三产业产值比重升至最高，为50.72%，增长了3.63个百分点。

7.2.2.2　社会发展现状

根据昆明市国民经济和社会发展统计公报，2014年末昆明市常住人口为662.6万人，比2005年末增加了54.03万人。从图7-14昆明市常住人口数发展趋势来看，尽管昆明市常住人口数在2004～2014年逐渐增加，但增加趋势较为缓慢，年均增长率仅为0.95%。昆明市城镇人口也呈逐年增长的趋势，但其增长幅度与昆明市常住人口数相比较为明显。2005年末昆明市城镇人口为353.27万人，到2014年末昆明市城镇人口增加到457.5万人，增加了104.23万人，年均增长率为2.91%。

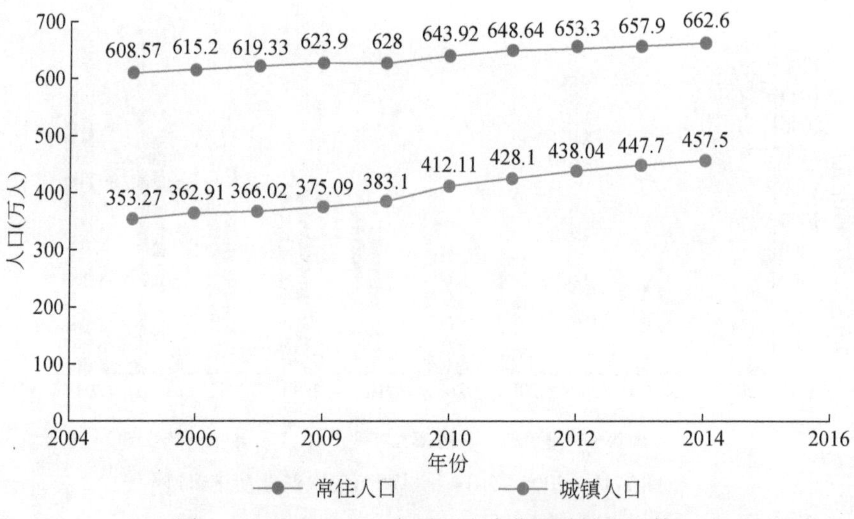

图7-14　2005～2014年昆明市常住和城镇人口数

从表7-5可知，2009～2014年，昆明市城区人口密度从0.26万人/平方公里减少到0.19万人/平方公里，但由于2013年城区人口的锐减及城区面积的锐增，该年城区人口密度仅为0.13万人/平方公里，尽管到2014年城区人口密度提高到0.19万人/平方公里，但仍小于2009～2012年的城区人口密度(由于数据缺失，城区人口密度只统计到2009年)。

表 7-5　2005～2014 年昆明市社会人口变化情况

年份	城区人口密度/(万人/平方公里)	城镇化率/%	教育程度（大专及以上学历）/%	城镇登记失业率/%
2005	—	41.54	18.81	3 以内
2006	—	58.99	20.64	3 以内
2007	—	59.1	22.18	2.58
2008	—	60.12	24.27	2.18
2009	0.26	61	26.99	2.11
2010	0.26	64	30.53	2.13
2011	0.23	66	34.13	2.03
2012	0.26	67	36.1	2.38
2013	0.13	68	38.61	2.67
2014	0.19	69	40.99	2.34

资料来源：2005～2014 年昆明市国民经济和社会发展统计公报、《云南统计年鉴》《昆明统计年鉴》

随着昆明经济的快速发展，大量人口涌入城市，昆明的城镇常住人口也逐年增加。本章将城镇常住人口占市常住人口比重作为城镇化率，计算得出的城镇化率见表 7-5。

在 2005～2014 年，昆明城镇化水平显著提高，由 2005 年的 41.54% 上升到 2014 年的 69%，增加了 27.46 个百分点，年均增长率为 5.80%，并呈逐年增长的趋势，远高于由国家统计局发布的 2014 年我国的城镇化率①。

与此同时，昆明市人口受教育程度近年也有显著提高。根据昆明市国民经济和社会发展统计公报中的数据，可知昆明市大专及以上学历的在校生由 2005 年的 18.81 万人上升到 2014 年的 40.99 万人，增加了 22.18 万人，年均增长率为 9.04%，并呈快速增加的趋势。2010～2014 年，昆明市小学学龄儿童毛入学率和初中阶段教育毛入学率均在 100% 以上，且高中阶段教育毛入学率也呈逐年增加的趋势（最早截至 2008 年）。

尽管昆明市 GDP 呈不断增长的态势，但昆明城镇登记失业率呈波动变化，总体呈“降—升—降”的趋势。从表 7-5 可知，根据统计得到的数据，2007～2011 年，昆明城镇登记失业率总体呈下降的趋势，且在 2011 年市失业率降至 2.03%；到 2013 年，市失业率达到 2005～2014 年的最大值，为

① http://politics.people.com.cn/n/2015/0120/c70731-26417968.html。

2.67%；随即呈下降趋势，到2014年市失业率降到2.34%，与2013年相比，减少了0.33个百分点。与人力资源和社会保障部公布的2014年末中国城镇登记失业率相比，昆明市城镇登记失业率低于全国平均水平，且昆明市的城镇登记失业率控制在4.5%以内的目标[①]。

7.2.2.3　能源消费碳排放现状

由于数据缺失，昆明市历年能源消耗量根据相关政府公报推算得出，其中2011~2014年昆明市能源消费量根据《昆明市工业和信息化委员会2015年度部门决算》[②]中的相关数据推算得出，2005~2010年昆明市能源消费量则根据历年《云南省及各州（市）单位GDP能耗等指标公报（2005~2010年)》中的数据推算得出。具体数据见表7-6。

如表7-6所示，2005~2014年，昆明市能源消耗量呈逐年增长的趋势，2005年末昆明市能源消耗量为1565.74万吨标准煤，到2014年末市能源消耗量增长到3 527.34万吨标准煤，与2005年相比增长了1.25倍，且年均增长率为9.44%。而昆明市单位GDP能耗在此期间呈逐年下降的趋势。2005年昆明市单位GDP能耗为1.48吨标准煤/万元，到2014年减少至0.95吨标准煤/万元，减少了0.53吨标准煤/万元，单位GDP能耗累计下降35.59%。根据相关新闻，“十二五”期间昆明市单位GDP能耗累计下降25%，规模以上万元工业增加值能耗累计下降31.9%，在实现经济平稳增长的同时，也完成了节能工作目标[③]。

表7-6　2005~2014年昆明市能源消费碳排放现状

年份	全市能源消耗/万吨标准煤	单位GDP能耗/(吨标准煤/万元)
2005	1 565.74	1.48
2006	1 713.14	1.42
2007	1 889.79	1.35
2008	2 058.11	1.28

① http：//news.china.com.cn/rollnews/news/live/2015-01/23/content_ 31000502.html。

② http：//czj.km.gov.cn/c/2016-10-26/1308817.shtml。

③ http：//yn.yunnan.cn/html/2016-06/29/content_ 4409682.html。

续表

年份	全市能源消耗/万吨标准煤	单位 GDP 能耗/(吨标准煤/万元)
2009	2 247.21	1.22
2010	2 391.70	1.13
2011	2 710.35	1.08
2012	3 131.59	1.04
2013	3 415.31	1.00
2014	3 527.34	0.95

注：能源消耗主要从昆明市工业和信息化委员会 2015 年度部门决算和云南省及各州（市）单位 GDP 能耗等指标公报推算得出

本章主要基于推算出的昆明市 2005～2014 年能源消耗量来计算昆明市历年的碳排放量。在碳排放系数上，国家发展和改革委员会根据我国的煤炭利用比例，建议取值煤炭的含碳量为67%，即 1 千克标准煤燃烧排放 0.67 千克碳，合 2.46 千克二氧化碳（赵雪梅，2015），本章采用该系数，大致测算出昆明市能源消耗的碳排放，并根据历年昆明的常住人口，计算出昆明的人均碳排放，测算结果如图 7-15 所示。

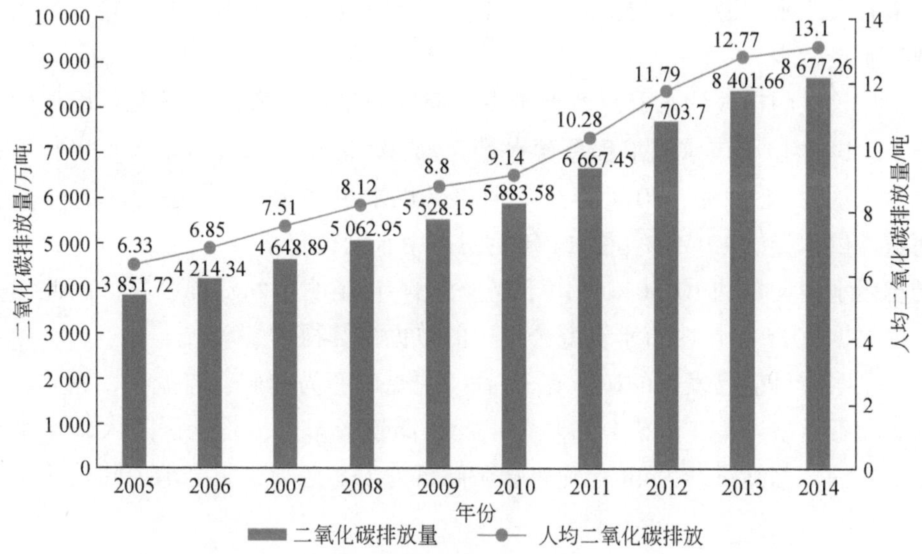

图 7-15　2005～2014 年昆明市碳排放和人均碳排放

从图7-15可知，2005～2014年，昆明市碳排放量总体呈增长趋势，年均增长率为9.44%。2014年年末昆明市碳排放量为8677.26万吨，比2005年末昆明市碳排放量增加了4825.54万吨。

昆明市人均碳排放在2005～2014年也呈逐年增长的趋势，2005年年末昆明市人均碳排放量为6.33吨，到2014年末人均碳排放量增长到13.1吨，年均增长率为8.42%。

昆明市碳排放和人均碳排放的增速的变化趋势也大致相似，市碳排放的增速总体要大于市人均碳排放的增速，两者在2006～2009年呈“升—降—升”的变化趋势，且变化波动较小，到2010年两者增速突降，并在之后迅速上升，到2012年两者的增速达到最大，分别为15.54%和14.69%，但随后继续呈下降趋势，并在2014年两者增速降至最低，分别为3.28%和2.58%。

7.2.2.4　资源利用现状

根据《2015昆明统计年鉴》的数据，可知2014年昆明市年均降水量为955毫米，与常年相比偏多，但仍低于2014年云南省年均降水量1143.4毫米；2014年全市地下水资源量为16.36亿立方米，较常年偏少，是云南省地下水资源量的2.94%；2014年昆明市水资源总量为49.87亿立方米，是云南省水资源总量的2.89%；2014年昆明市人均水资源量为752.64立方米，是云南省人均水资源量20.55%，与云南省人均水资源量相比，昆明市人均水资源拥有量较少。

尽管昆明市人均水资源拥有量少，但昆明市对水资源的开发利用程度较强。2014年昆明市水利工程总蓄水量为12.02亿立方米，是云南省水利工程总蓄水量的14.64%；2014年全市河道外供水量为18.29亿立方米，是全省河道外供水量的12.24%；2014年昆明市用水消耗量为9.18亿立方米，是云南省用水消耗量的10.50%（由于缺少2014年昆明市水资源公报，因此相关数据根据2015年昆明市水资源公报中的数据推算得出[①][②]）。

昆明市目前已发现的矿产有37种，主要矿产为磷矿、岩盐矿、铜矿、钛铁矿和石英砂岩等，磷矿分布最为广泛，储量最丰富，是全国三大磷矿生产基地之一，总储量约为48亿吨。盐矿储量为138亿吨，居全国内陆盐矿第二

① http：//www.wcb.yn.gov.cn/arti？id=54584。

② http：//shuiwu.km.gov.cn/c/2016-05-18/1659093.shtml。

位。东川铜矿已探明储量为270.98万吨，是全国五大产铜基地之一。

昆明具有丰富的森林资源，而政府也致力于“森林城市”的建设（表7-7）。2008年，昆明提出建设成为“森林式、园林式、环保型、可持续发展的高原湖滨生态城市”，2009年“森林昆明”建设全面推进①。根据昆明市国民经济和社会发展统计公报，2014年完成营造林6.02万公顷，其中，人工造林2.85万公顷；封山育林及补植2.16万公顷。义务植树1081.7万株。森林覆盖率达到49.0%。

表7-7　2005~2014年昆明市森林覆盖率　（单位:%）

项目	2005年	2006年	2007年	2008年	2009年	2010年	2011年	2012年	2013年	2014年
森林覆盖率	—	—	—	—	45.05	45.05	45.05	47.06	48	49

资料来源：2008~2014年昆明市国民经济和社会发展统计公报

自2009年“森林昆明”开始全面建设，昆明市森林覆盖率总体呈增加趋势，由2009年的45.05%提高到2014年的49%，增长了3.95个百分点，年均增长率为1.70%。

7.2.2.5　环境发展现状

在“十二五”期间，昆明市紧紧围绕减排目标，不断完善政策措施，落实目标责任，强化监督管理，提升减排效益，环境质量进一步改善，空气质量达到国家二级标准。在环境保护部公布的2015年全国74个重点城市环境质量排名中，昆明名列第8位②。

从表7-8可知，2005~2014年，昆明市废水排放量总体呈“升—降—升—降”的趋势。2005~2008年，昆明市废水排放量总体呈增长趋势；2008~2009年,昆明市废水排放量有较小的下降，随后呈逐渐增长的趋势，并在2013年达到最大值，为53 696.51万吨，到2014年有所减少。

表7-8　2005~2014年昆明市三废排放情况

年份	废水排放总量/万吨	废气排放总量/吨	工业固体废弃物产生量/万吨
2005	23 186	89 343	1 132.03

① http：//news.163.com/13/0717/03/93V3IAU900014AED.html。

② http：//yn.people.com.cn/n2/2016/0510/c228496-28303065.html。

续表

年份	废水排放总量/万吨	废气排放总量/吨	工业固体废弃物产生量/万吨
2006	26 568	103 273	1 428. 17
2007	26 548	99 308	1 800. 77
2008	36 409	93 162. 2	1 989. 25
2009	29 575	88 337	2 140. 07
2010	31 212. 63	77 839. 6	2 284. 02
2011	45 334. 68	104 339. 79	3 863. 18
2012	52 631. 26	113 277. 42	2 995. 93
2013	53 696. 51	101 669. 9	3 319. 12
2014	48 274. 86	61 456	2 152. 03

注：废气主要指工业二氧化硫排放量

资料来源：2005～2014 年《昆明统计年鉴》和昆明环境状况公报

昆明市废气（工业二氧化硫）排放的变化波动较为显著，总体也呈“升—降—升—降”的趋势。2005～2006 年，昆明市废气排放有短暂的上升，随后在 2006～2010 年呈逐年减少的趋势，但到 2011 年，昆明市废气排放有所增长，此后逐年增加，并在 2012 年达到最大值，为 113 277. 42 吨，随后昆明市废气排放逐年减少，并在 2014 年达到最低值，为 61 456 吨，与 2012 年相比减少了 51 821. 42 吨。

昆明市工业固体废弃物产生量的变化趋势较前两者波动较小。2005～2011 年，昆明市工业固体废弃物产生量呈逐年增长的趋势，年均增长率为 22. 70%，到 2012 年，昆明市工业固体废弃物产生量有所减少，在 2013 年增长到 3319. 12 万吨，并在 2014 年减少了 1167. 09 万吨。

与昆明市工业固体废弃物产生量的变化趋势相比，昆明市工业固体处置废弃物利用率在 2005～2014 年的变化波动较为显著。如图 7-16 所示，昆明市工业固体废弃物处置利用率总体呈“升—降—升”的变化趋势。2005～2008 年，昆明市工业固体废弃物处置利用率呈逐渐增加的趋势，并在 2008 年达到最大值，为 99. 37%，随即在 2009 年大幅下降，降幅为 5. 31%，尽管在 2010 年市工业固体废弃物处置利用率有所增加，但在 2011 年市工业固体废弃物处置利用率降至最低值，为 89. 92%，随后则呈逐年增长的趋势，到 2014 年，昆明市工业固体废弃物处置利用率为 98. 16%，与 2011 年相比，增长了 9. 16 个百分点。

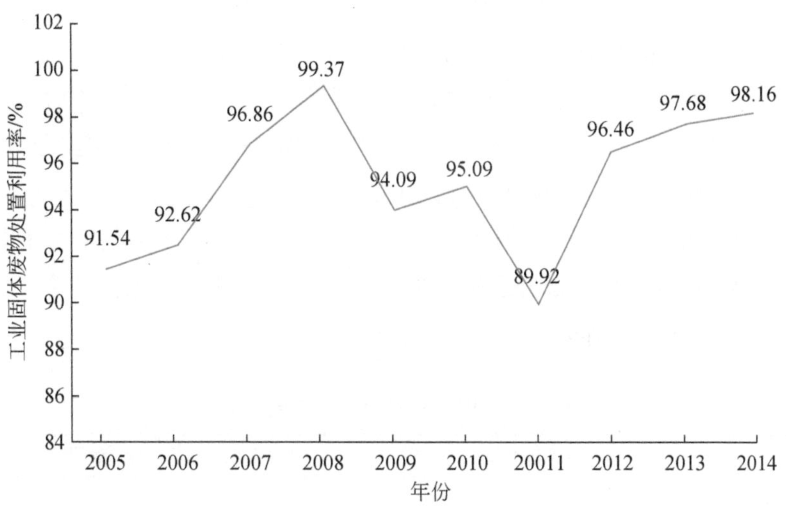

图 7-16　2005 ~2014 年 昆明市工业固体废弃物处置利用率

从图 7-17 可知，2005 ~2012 年，昆明市空气质量优良率波动较小，其中 2005 ~2007 年，昆明市空气质量优良率呈逐年递增的趋势，且 2007 ~2012 年昆明市空气质量优良率均为 100%，环境空气保持一流水平。但到 2013 年，昆明市空气质量优良率降至 91. 23%，下降了 8. 77 个百分点。2013 ~2014 年，昆明市空气质量优良率呈逐渐增加的趋势，2014 年昆明市空气质量优良

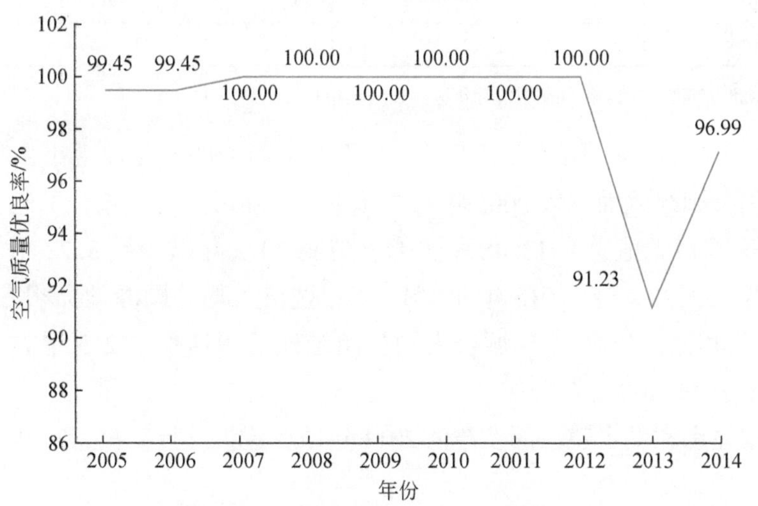

图 7-17　2005 ~2014 年昆明市空气质量优良率（空气质量达到二级以上天数所占比例）

第7章　案例城市研究

率比 2013 年增加了 5.76 个百分点，增幅为 6.31%。根据环境保护部发布的 2016 年 1~11 月和 11 月重点区域和 74 个城市空气质量状况中，昆明市的空气质量已达标，且在空气质量相对较好的城市排名中，位列第 10 位①。

从表 7-9 可知，2005~2012 年，昆明市建城区绿化覆盖率呈逐年上升的趋势，从 2005 年的 26.08% 上升到 2012 年的 43.62%，上升了 17.54 个百分点，年均增长率为 7.62%。但到了 2013 年，市建城区绿化覆盖率有所下降，比上一年减少了 4.37 个百分点，尽管 2014 年市建城区绿化覆盖率有所增加，但增长幅度较小，仅增加了 0.64 个百分点。

表 7-9　2005~2014 年昆明市绿化情况

年份	建城区绿化覆盖率/%	城市人均公园绿地面积/平方米
2005	26.08	9.65
2006	27.3	9.34
2007	34.63	9.36
2008	36.73	10.16
2009	38.95	11.5
2010	41.28	12.1
2011	42.4	13.48
2012	43.62	8.22
2013	39.25	9.63
2014	39.89	10.72

资料来源：2005~2014 年《昆明统计年鉴》和《云南统计年鉴》

2005~2011 年，昆明市城市人均公园绿地面积的变化波动小，2006 年市城市人均公园绿地面积较 2005 年有所减少，但随后呈逐年增长的趋势，并在 2011 年达到最大值，为 13.48 平方米，但到 2012 年减少到 8.22 平方米，减少幅度为 39.02%。到 2013 年和 2014 年，城市人均公园绿地面积有所增加，与 2012 年相比，到 2014 年城市人均公园绿地面积增加了 2.5 平方米，且年均增长率为 14.20%。

根据住房和城乡建设部发布的 2014 年城乡建设统计公报，2014 年全国建

① http://www.zhb.gov.cn/gkml/hbb/qt/201612/t20161213_368996.htm。

成区绿化覆盖率达40.10%，全国城市人均公园绿地面积为12.95平方米[①]，尽管2014年昆明的数据低于全国平均水平，但未来仍有上升空间。

7.2.2.6 政策

国家发展和改革委员会2010年发布了《关于开展低碳省区和低碳城市试点工作》，确定在云南、广东等五省和天津、保定等八市开展试点工作。同年，昆明市人民政府发布了《关于建设低碳昆明的意见》，开启昆明“低碳城市”的建设（庞英姿，2012）。

2010年，昆明市就成立了以市长为组长的“低碳建设领导小组”，昆明市低碳城市发展研究中心专门负责“低碳昆明”建设的相关研究工作[②]。2010年2月，昆明市呈贡新区在全省率先制定出台了《关于呈贡新区建设低碳城市实施意见》，作为新区低碳城市建设指导依据[③]。同年昆明市下发《昆明市人民政府关于倡导开展碳汇造林的意见》来推进重点区域的碳汇造林活动[④]，并在2010年10月，昆明市人民政府发布了关于鼓励开展碳汇造林的指导意见[⑤]。

2011年，昆明市住房和城乡建设局完成了《城市低碳建筑以及打造低碳生活示范区》研究，积极推进绿色建筑和低碳生态城市建设工作[⑥]。并在同年与瑞士签署气候变化与谅解备忘录，成为中瑞合作中国低碳城市项目试点城市之一，在低碳城市指标体系建立、能源管理体系建设培训、昆明市化石燃料燃烧二氧化碳排放清单编制及昆明市绿色建筑发展行动计划四个方面开展合作[⑦]。昆明市政府还于2010年12月初与昆明万科公司签署《绿色建筑发展合作框架协议》，在绿色建筑、生态小区等建筑节能领域开展全方位合作[⑧]。

2012年1月，昆明市政府正式发布实施《发展低碳经济总体规划》，并先后在交通、建筑和低碳城市管理能力方面开展了低碳发展相关试点合作。

① http：//www. mohurd. gov. cn/wjfb/201507/t20150703_ 222769. html。

② http：//xw. kunming. cn/a/2014-10/29/content_ 3740389. html。

③ http：//www. yndpc. yn. gov. cn/content. aspx？ id=052044921250。

④ http：//finance. sina. com. cn/roll/20100708/14008258940. shtml。

⑤ http：//www. km. gov. cn/c/2010-10-09/603043. shtml。

⑥ http：//yn. leju. com/bdxw/2012-03-19/085934176. shtml。

⑦ http：//qhs. ndrc. gov. cn/gzdt/201405/t20140508_ 610882. html。

⑧ http：//yn. leju. com/news/2011-12-09/174632379. shtml。

并成立以市长为组长的“昆明市低碳发展暨应对气候变化工作领导小组”，下设专门工作办公室。2012 年 11 月 26 日，《国家发展和改革委员会关于开展第二批低碳省区和低碳城市试点工作的通知》正式下发，昆明等 29 个城市和省区成为我国第二批低碳试点①。

2013 年，昆明计划投资 33.1 亿元建设低碳交通运输体系，涵盖公路交通运输、水路交通运输、城市客运三大领域②。2013 年 4 月，国家发展和改革委员会气候司批准《昆明市低碳城市试点初步实施方案》。市级财政每年安排 1000 万元资金作为昆明市低碳发展专项资金。出台了《中共昆明市委、昆明市人民政府关于建设低碳昆明的意见》《昆明市人民政府关于低碳昆明建设实施方案》等一系列相关法规、政策，打造“低碳昆明”③。

2014 年 2 月，《昆明市低碳交通运输体系建设城市试点实施方案》实施，在昆明全市铺开公共自行车租赁点之前，呈贡新区将先行试点。2016 年昆明市政府下发《昆明市“十三五”节能减排低碳发展规划》④。

7.2.3 低碳发展的路径选择

《昆明市人民政府关于建设低碳昆明的意见》中提出，要通过发展低碳产业、打造低碳建筑、建设低碳交通、倡导低碳生活、构建低碳社会、加强生态建设来实现低碳昆明的建设。

7.2.3.1 低碳能源

《昆明市人民政府关于建设低碳昆明的意见》指出，政府要建设低碳产业需要调整产业结构，促进产业低碳化，推动昆明经济发展。首先在能源上要调整能源结构，构建低碳能源体系；其次加大新能源开发与利用，推动新能源产业发展。

昆明市能源消费结构以化石燃料为主，由于市常规能源资源相对匮乏，能源供给与需求存在矛盾（李中杰等，2013）。但昆明市水能、太阳能、风能等清洁可再生能源资源较为丰富且具有较大的发展潜力，因此昆明市发展低

① http：//finance. sina. com. cn/roll/20121204/093413888151. shtml。

② http：//fgw. km. gov. cn/c/2013-06-15/1242591. shtml。

③ http：//www. hgzxhnxx. com/a/ditanhuanbao/2014/1225/83567. html。

④ http：//xw. kunming. cn/a/2016-12/10/content_ 4451232. html。

碳能源建设拥有优越的自然条件。

在低碳能源建设方面，昆明市着重于能源结构的优化和可再生能源的发展。《昆明市人民政府关于建设低碳昆明的意见》提出，要提高水电、油、气能源在全市能源构成中的占比，降低煤炭消费比重。《昆明市“十三五”能源发展规划》指出，昆明市将依托水、风、光等资源禀赋，带动能源科技创新、装备制造、新能源推广应用和互联网+智慧能源协调发展，并推进全市构建以清洁低碳能源和安全高效能源为主体的现代能源体系①。

根据昆明市政府颁布的《低碳昆明建设实施方案》，在能源结构调整上，市政府需全力配合国家及云南省能源开发建设。积极配合乌东德水电站、缅气入昆、石油炼化等项目的建设，最大限度地提高水电、太阳能、风能、天然气、石油制品等对全市的能源供给保障率。到 2015 年，实现水电消费占能源消费总量 7% 以上，天然气使用量占能源消费总量的 3. 5% 以上。

在可再生能源-水电的发展上，《低碳昆明建设实施方案》中提出，政府要发展昆明市自身水电资源开发利用潜力，继续寻求新的水电资源，加快中小水电项目建设。根据昆明市水务局和统计局发布的《昆明市第一次全国水利普查公报》，2011 年全市共有水电站 66 座，装机容量为 78. 41 万千瓦。其中规模以上（装机容量 500 千瓦及以上）水电站中，已建水电站 56 座，装机容量为 75. 77 万千瓦②。

《低碳昆明建设实施方案》还指出，市政府需充分发挥太阳能、风能资源优势，着力发展新能源和能源替代项目。在开发石林、富民等县（区）太阳能及风能资源的同时，加快建设太阳能光伏发电和风力发电项目。加快嵩明县、寻甸县生产燃料乙醇生产项目建设，并以昆明北部干热河谷地区为重点，发展小桐子种植业，建设生物柴油原料基地。在“十二五”期间，全市太阳能光伏应用达到 200 兆瓦以上，实现太阳能产业总产值 200 亿元以上。昆明市石林拥有 166 兆瓦大型光伏并网发电站，属于国内规模最大的太阳能光伏发电站③。根据“国能新能 201573 号”和“国能新能 2015356 号”文，昆明市获得 2015 年终期光伏电站新增建设规模 2 万千瓦④。

---

① http：//www. km. gov. cn/c/2016-08-18/1386146. shtml。

② http：//shuiwu. km. gov. cn/zfxxgkml/sjgb/slpcgb/。

③ http：//yn. yunnan. cn/html/2010-09/17/content_ 1346714. html。

④ http：//fgw. km. gov. cn/c/2015-11-02/1239962. shtml。

7.2.3.2 低碳产业

《中共昆明市委昆明市人民政府关于建设低碳昆明的意见》[①] 指出，在产业发展上，政府要推动传统产业低碳化改造，提高节能管理水平。对冶炼、化工等重点行业实施低碳化改造，遏制“两高”（高耗能、高排放）行业发展。推动产业升级和节能减排的同时，使两者相互促进，鼓励企业加大对节能减排技术的改造和技术创新的投入，以及加大对新技术和新材料的研发和使用等工作。

政府要加大提升优势产业，以提高产业规模与效益。运用新型实用技术，加快工业发展集群化，优化提升生物医药、光电子信息等优势产业的规模、技术水平与效益，降低生产过程的能耗物耗，减少碳排放。同时，利用本地区资源优势，低碳有效地培育和发展煤盐钛化工产业。

政府还要培育新兴低碳产业，发展现代服务业。发展服务业、创意产业和文化产业等多种行业的新兴低碳产业集群。发展壮大生物医药产业、节能环保产业、科技服务业和电子信息产业等，全力打造“低碳龙头产业”。同时改造提升传统服务业，着力发展现代服务业。深化“绿色饭店”创建工作，增加景区植被覆盖率，打造昆明“碳中和”旅游。

抓好循环经济试点示范，加大资源综合利用力度。进一步抓好昆明钢铁控股有限公司、云南铝业股份有限公司和云南铜业股份有限公司等单位的循环经济试点工作。发展“静脉产业”，加强可再生资源、工业废渣的回收利用，以及工业固体废弃物的综合利用技术。

打造具有昆明特色的都市型现代农业，推进低碳生态农业示范园区建设。以农业生产节能、减排和降耗为目标，以发展生态农业和节能型农业为重点，打造具有昆明特色的都市型现代农业，同时发展低碳农特产品深加工业，推进低碳生态农业示范园区建设。

在2016年昆明市政府颁布的《昆明市“十三五”节能减排低碳发展规划》[②] 中，对低碳产业发展提出了新的目标要求。政府要大力发展现代农业与高原特色农业，改造提升有色、化工、烟草和非烟轻工等传统产业，重点发展先进装备制造、生物医药、电子信息、新材料、新能源和节能环保六大

① http：//www. hgzxhnxx. com/a/ditanhuanbao/2015/0729/114392. html。

② http：//xw. kunming. cn/a/2016-12/10/content_ 4451232. htm。

新兴产业，推进和加快现代物流业、“智慧旅游”发展和建设，培育和打造区域性国际金融中心。到2020年，三次产业结构比例优化为5.0∶42.1∶52.9，产业内部结构进一步优化。

《昆明市“十三五”节能减排低碳发展规划》也明确，要提高行业准入门槛，严控“三高”行业，严格落实增产不增能、增产不增污、增产不增碳。《昆明市“十三五”节能减排低碳发展规划》还提出，要推动传统产业改造升级，培育发展战略性新兴产业。重点巩固提升有色金属、化工、烟草和非烟轻工等产业，加快传统优势产业纵向延伸拓展，横向协作配套，大力发展精深加工业。同时，加速发展先进装备制造、生物医药、电子信息、新材料、新能源和节能环保六大新兴产业，力争成为率先发展的领跑产业、推进自主创新的示范产业、加快转型升级的核心产业。

日前，昆明市在加快供给侧结构性改革、进一步优化全市产业结构方面再出新动作：出台了《中共昆明市委、昆明市人民政府关于着力推进重点产业发展的实施意见》①，昆明市决定按照“一产做特、二产做大、三产做强”的总体要求，着力推进“188”重点产业发展（即1个高原特色都市现代农业、8个工业产业、8个服务业），推动昆明产业迈向中高端，加快构建以高原特色现代农业为基础、新兴产业为主导、传统优势产业为支撑的现代产业体系，努力打造昆明经济升级版，把昆明建成全省最具活力的增长核心、在全国乃至南亚、东南亚地区具有区域影响力的现代产业基地。

7.2.3.3 低碳建筑

《昆明市人民政府关于建设低碳昆明的意见》指出，在建筑发展上，打造低碳建筑，推进建筑节能，构建绿色阳光之城。昆明市政府需要推行建筑能效标识，树立绿色建筑新标杆。开展建筑节能改造，助推建筑绿色升级。推动节能建材运用，打造低碳建筑精品。普及太阳能建筑一体化，构建绿色低碳阳光春城。推行城市立体绿化，打造建筑生态氧吧。

在绿色低碳建筑方面，走在全国前列。早在2013年，昆明市住房和城乡建设局就发布了《关于城镇保障性住房全面执行绿色建筑标准的通知》。根据通知，昆明新建的保障房项目如未按照绿色建筑标准进行立项、规划和设

---

① http：//www.yn.xinhuanet.com/2016ynnews/20160802/3329412_c.html。

计，将无法通过审批。对已投入使用的绿色建筑也要实施绿色物业管理，并达到相应等级的绿色运营管理标准。并对执行绿色建筑标准时达三星绿色标准的企业给予20%的资金补贴，并在2014年发布了《昆明市人民政府关于加快绿色建筑发展工作的实施意见》，提出市政府要率先推行“两点一线”，将呈贡新区和五华区泛亚科技新区作为绿色建筑连片推广的示范区域，在政策上给予充分支持，鼓励区（县）创新机制体制、出台管理办法，率先强制实行绿色建筑标准。并从“两点一线”的经验着手，积极探索绿色建筑强制推广的保障措施，从保障性住房向政府投资的公益性建筑和大型公共建筑逐步强制要求实行绿色建筑标准；从绿色生态示范片区向周边区域辐射，示范带动周边区域发展绿色建筑，选择条件成熟的区域逐步强制实行绿色建筑标准①。

7.2.3.4 低碳交通

《昆明市人民政府关于建设低碳昆明的意见》指出，要完善交通系统，推进现代交通业发展，构建低碳交通②。该工作主要有四项重点：第一，要优化交通结构，提升交通运输能力。而实施路网改造，科学设计路网功能结构与布局，提升高等级公路比重。加快道路配套设施建设，优化交通信号控制系统，推进城乡交通一体化进程。加快运输结构调整，大力发展航空运输，增强铁路运输能力，提升交通运输现代化水平。第二，要加强机动车环保监管，大力推广新能源交通工具。为此政府相继发布了《机动车环保检验合格标志管理规定》等政策加强机动车管理，大力推广新能源交通工具，建设相应基础配套设施，提高新能源车辆的比例。第三，要大力发展公共交通，提高公共交通出行分担率。坚持“公交优先”战略，优化公交系统结构。加快建设“三主三辅”轨道交通，打造快速交通系统。建立功能完备的换乘枢纽，完善信息服务体系，提升公共交通服务能力，促进快慢系统并行发展，实现换乘无缝对接。以电动车和公共自行车为补充，延伸公交“最后一公里”，显著提高城市公共交通出行分担率。第四，要加强智能化交通管理，营造低碳化交通环境。加快智能交通建设步伐，加强人车路之间的监控、信息联系和调度能力。建立网络化交通管理数据平台，加强交通公共信息发布服

① http：//fanwen. yjbys. com/zhengce/369173. html。

② http：//www. hgzxhnxx. com/a/ditanhuanbao/2015/0729/114392. html。

务能力，完善管理体制和行业发展政策。提升交通综合管理决策能力，健全交通应急保障机制。加大现代交通宣传教育力度，提高交通参与者行为规范意识，加强交通安全观念教育。

在《中共昆明市委、昆明市人民政府关于着力推进重点产业发展的实施意见》的指导下，昆明低碳交通建设将以建设慢行交通系统建设、试点推广自行车租赁、提高新能源公交出租比例、城市交通碳排放监测体系研究四方面内容，打造昆明低碳交通体系①。

并于2013年起，昆明计划投资33.1亿元建设低碳交通运输体系，涵盖公路交通运输、水路交通运输和城市客运三大领域。在建设低碳交通运输体系中，将由市交通运输局牵头，通过推进天然气车辆推广、滇池绿色旅游水运、绿色立体停车场建设、甩挂运输试点示范、高速公路节能技术应用、公共自行车推广、醇醚类双燃料气化器推广、公路沿线碳汇林、智能公交系统建设九大重点工程，共涉及21个试点项目，计划总投资33.1亿元。到试点期末，昆明将逐步形成以低碳交通为发展方向，以低碳出行为交通特征的资源节约型、环境友好型交通运输体系。

近年来，昆明市交通运输行业围绕建设低碳型交通基础设施，推广低碳型运输装备、优化运输组织方面开展了大量工作，并取得一定成效。以新能源公交为例，2009年1月昆明被列为全国首批13个节能与新能源汽车示范推广试点城市后，将实现公交、出租、公务、环卫和邮政等领域推广1000辆新能源汽车的应用。截至2012年底，昆明市已有510辆节能与新能源汽车投入运营②。

7.2.3.5 低碳生活

《昆明市人民政府关于建设低碳昆明的意见》指出，发展低碳生活，要培养低碳意识，倡导绿色消费，推行低碳生活。

首先要培养低碳意识，营造低碳生活氛围。向市民发放《低碳生活手册》，解读低碳生活内涵，消除居民对低碳生活的疑惑，提供“碳足迹”计算器，帮助识别家庭碳排放，指导个人养成低碳生活习惯，普及绿色低碳知识，树立低碳生活观念，营造科学合理、健康向上、资源节约及环境友好的

---

① http：//www. km. gov. cn/c/2012-08-06/630081. shtml。

② http：//www. km. gov. cn/c/2013-07-23/577509. shtml。

低碳生活氛围。

其次要倡导绿色消费，推行低碳生活方式。引导市民崇尚节约、反对浪费、合理消费、适度消费，改变不良的消费和生活方式。鼓励消费者选择低碳产品和服务，树立以低消耗、低排放为核心的低碳消费理念，倡导从传统的高碳模式向低碳模式转变。

7.2.3.6　低碳社区

《昆明市人民政府关于建设低碳昆明的意见》指出，要加强城乡管理，创建低碳社区，构建和谐社会。

政府首先要加强党政机关办公节能监管，推行“绿色办公”计划。加快对党政机关办公楼的低碳化运行改造，更换节能灯，安装太阳能照明系统，合理限制电梯使用及夜间照明。在党政机关办公系统中全面培养“低碳”办公意识，倡导自带茶杯，推广无纸化办公，鼓励办公用品资源再利用；选用节能电脑和办公设备，减少照明设备能耗，电脑、复印机等办公设备在不使用时要关机，减少待机能耗等来减少碳排放。

昆明市级行政中心自2013年被列为全国第一批节约型公共机构示范单位以来，市级机关事务管理局从照明、节水和绿色出行等方面鼓励倡导低碳生活，车库灯管减少5000多盏，市级机关事务管理局加装了高效节水水嘴，在原节水的基础上节水率达60%，市级机关干部职工人均综合能耗下降近8%①。

在创建城市“低碳社区”时，推广社区管理低碳化。借鉴国际低碳社区、“碳中和”社区的成功经验，以现代城市管理理念为宗旨，结合昆明特色，积极探索低碳社区模式，以昆明市地方性低碳技术标准为保障，研究制定低碳社区规划、建设和管理方式，创建一批节约、清洁、低碳的标杆性“低碳社区”，从节约化城市生活方式开始，以践行低碳生活为准则，积极推行社区管理低碳化。同时要在农村创建“生态村”，推进社会主义新农村建设。结合生活垃圾集中收集处理、卫生厕所、卫生畜圈、庭院绿化等措施，加大农村户用沼气、太阳能、生物质能和液化气等新型清洁能源的推广力度，改善农村整体面貌，促进农村能源、经济、社会和生态协调发展，最大限度

① http：//www.km.gov.cn/xxgkml/zwdt/708571.shtml。

地减少和降低农村生产生活过程中的碳排放。

在政府的支持下，一些街道社区开始建设低碳社区，并积极开展相关活动。到2015年，昆明已创成1120个市级生态村（社区）①；昆明关上街道中心区社区于2016年开展相关活动，向市民宣传绿色低碳生活②。昆明世博生态城于2014年11月通过了云南省发展和改革委员会组织的综合审查，成功申报云南省首批低碳社区试点项目（马雷，2016）。

7.2.3.7　生态建设

《昆明市人民政府关于建设低碳昆明的意见》指出，要加强生态建设，增强区域的碳汇能力。政府要以开展“四创两争”“一湖两江”四全工作、“城乡一体化”“四退三还”为契机，以自然保护区、水源保护区、风景名胜区、森林公园、城市绿地、道路河道沿线和林业产业为载体，重点搞好天然林资源保护、荒山宜林地造林、退耕还林还草、石漠化治理、长江中上游金沙江干热河谷地区植被恢复、废弃矿山植被恢复及道路河道沿线绿化、湿地系统修复、农田林网建设等生态工程，大力推进城乡绿化建设，将国土绿化与城市绿地系统紧密联系，逐步建立多层次、多类型，“点、线、面”相结合的城乡一体绿化网络，营造“人在园中走，车在丛中行，楼在花丛卧，闹市森林中”，环境优美、生态良好的最佳人居环境。加强生态系统管理和保护，引进先进造林技术，优化林分结构，促进自然修复，完善生态系统结构和功能。大力提高全市森林覆盖率及森林蓄积量，增强区域碳汇能力。

经过政府的治理，到2016年昆明滇池水质有所好转，滇池外海与草海水质均达V类，营养状态已转为轻度富营养。

截至2016年，昆明市在“四退三还”工作中，在滇池保护界桩外延100米范围内完成退塘、退田4.5万亩，退房160万平方米，退人2.6万人，完成湖滨生态建设5.4万亩。滇池湖滨已初步构建了一条平均宽度约200米、面积约33.3平方公里、区域内植被覆盖超过80%的闭合生态带，形成了一条以自然生态为主、结构完整、功能完善的湖滨生态绿色屏障③。

---

① http：//yn. leju. com/news/2015-09-23/2225605245746915 7102431. shtml。

② http：//ylxf. yn. gov. cn/Html/News/2016/9/1/178393. html。

③ http：//yn. people. com. cn/news/yunnan/n2/2016/0905/c228496-28946380. html。

参考文献

白永秀，严汉平．2002. 西部地区基础设施滞后的现状及建设思路．学术评论，(7)：2-5.

鲍健强，苗阳，陈锋．2008. 低碳经济：人类经济发展方式的新变革．中国工业经济，(4)：153-160.

毕旗凯．国际碳排放交易机制与中国碳排放市场的建立．上海：上海外国语大学硕士学位论文．

曹清尧．2013. 西部地区低碳经济发展研究．北京：北京林业大学博士学位论文．

陈飞．2010. 低碳城市发展与对策措施研究——上海实证分析．北京：中国建筑工业出版社．

陈俊，张宏伟．2015. 国家循环经济示范区金昌市发展循环经济的机制研究．甘肃理论学刊，(277)：149-152.

陈俊．2015. 浅析甘肃金昌循环型工业的发展模式．再生资源与循环经济，8（4）：7-11.

陈俊荣．2011. 欧盟2020战略与欧盟的低碳经济发展．国际问题研究，(3)：65-69.

陈平，余志高．2011. 我国低碳社会综合评价体系研究——以浙江省为例．技术经济与管理研究，(6)：13-17.

陈志恒．2009. 日本政府主导低碳社会行动及其主要进展．现代日本经济，(6)：2-5.

丑洁明，封国林，董文杰．2011. 构建中国应对气候变化的低碳经济发展模式．气候变化研究进展，(1)：48-53.

丁丁，蔡蒙，付琳，等．2015. 基于指标体系的低碳试点城市评价．中国人口·资源与环境，25（10）：1-10.

方世荣，孙才华．2011. 论促进低碳社会建设的政府职能及其行政行为．法学，(6)：56-65.

付加锋，高庆先，师华定．2008. 基于生产与消费视角的 CO_2 环境库兹涅茨曲线的实证研究．气候变化研究进展，4（6）：376-381.

甘肃统计局．2014. 甘肃省统计年鉴2013. 兰州：甘肃统计出版社．

甘肃统计局．2015. 甘肃省统计年鉴2014. 兰州：甘肃统计出版社．

宫淑燕，夏维力．2011. 低碳经济的马克思主义生态哲学探析．青海社会科学，(3)：93-96.

顾朝林，谭纵波，刘宛，等．2009. 气候变化、碳排放与低碳城市规划研究进展．城市规划学刊，(3)：38-45.

郭存芝，罗琳琳，叶明．2014. 资源型城市可持续发展影响因素的实证分析．中国人口·资源与环境，24（8）：81-89.

国家统计局．2010. 中国第六次人口普查（2010）．北京：中国统计出版社．

贺玮．2015. 丝绸之路经济带框架下甘肃省资源型城市经济转型问题研究——以金昌市为例．企业技术开发，34（33）：131-132.

洪大用．2010. 中国低碳社会建设初论．中国人民大学学报，(2)：19-26.

胡金荣，刘晓琴 . 2011. 以特色产业为动力推动西部地区加快经济发展方式转变的思考 . 产业与科技论坛，(9)：52-53.
解利剑，周素红，闫小培 . 2011. 国内外“低碳发展”研究进展及展望 . 人文地理，(1)：19-23，70.
金燕 . 2005.《增长的极限》和可持续发展 . 社会科学家，(2)：81-83.
昆明市统计局 . 2015. 昆明统计年鉴 2015. 北京：中国统计出版社 .
来尧静，沈玥 . 2010. 丹麦低碳发展经验及其借鉴 . 湖南科技大学学报（社会科学版），(6)：100-103.
赖章盛，李红林 . 2011. 低碳社会：生态文明建设的新模式——兼论低碳社会的价值趋向 . 求实，(2)：50-52.
李冬梅，常向阳，陈南 . 2013. 低碳校园与大学的应对策略 . 广州：广东可持续发展研究 2012.
李明生，袁莉 . 2010. 中国低碳社会的模式与建设路径探讨 . 软科学，(4)：39-47.
李晴，石龙宇，唐立娜，等 . 2011. 日本发展低碳经济的政策体系综述 . 中国人口 . 资源与环境，(S1)：489-492.
李士，方虹，刘春平 . 2011. 中国低碳经济发展研究报告 . 北京：科学出版社 .
李思娴 . 2014. 建设中国西部低碳经济龙头城市昆明在行动 . http：//yn. yunnan. cn/html/2014-10/12/content_ 3400959_ 2. htm［2014-10-12］.
李铁英 . 2010. 我国低碳社会建设面临的挑战与优势分析 . 学术交流，(12)：131-134.
李中杰，张大为，郑一新，等 . 2013. 昆明市能源消费碳排放变化的因素分解及对策研究 . 能源研究与信息，29（3）：125-130.
林伯强，蒋竺均 . 2009. 中国二氧化碳的环境库兹涅茨曲线预测及影响因素分析 . 管理世界，(4)：27-36.
刘华容 . 2011. 我国低碳经济发展模式研究 . 长沙：湖南大学博士学位论文 .
刘婧 . 2010. 我国节能与低碳的交易市场机制研究 . 上海：复旦大学出版社 .
刘静暖，纪玉山 . 2010. 气候变化与低碳经济中国模式——以马克思的自然力经济理论为视角 . 马克思主义研究，(8)：48-60，159.
刘丽萍，和丽萍，卢云涛，等 . 2011. 昆明市环境承载力研究 . 北京：中国环境科学出版社 .
刘卫东，刘毅，秦玉才，等. 2010. 中国区域发展报告——西部开发的走向. 北京：商务印书馆 .
刘文玲，王灿 . 2010. 低碳城市发展实践与发展模式 . 中国人口·资源与环境，(4)：17-22.
刘志林，戴亦欣，董长贵，齐晔 . 2009. 低碳城市理念与国际经验 . 城市发展研究，16（6）：1-7，12.
罗正明，周祥志 . 2006. 西部地区水能资源开发探讨 . 中国水利，(14)：23-24.
那颖 . 2008. 西部地区边境贸易的现状及对策研究 . 西北民族大学学报：哲学社会科学版，

（5）：20-24.
宁云才 . 2003. 煤炭需求预测的复合小波神经网络模型 . 煤炭学报，28（1）：108-112.
潘家华，陈洪波，禹湘 . 2012. 低碳融资的机制与政策（中国社会科学论坛文集）. 北京：社会科学文献出版社 .
庞英姿 . 2012. 昆明低碳城市建设研究 . 昆明学院学报，34（5）：105-109.
钱树静 . 2011. 气候变化背景下发展中国家的低碳经济发展 . 生态经济，（10）：54-58，72.
曲建升，边悦 . 2015. 资源型城市工业发展与环境成本脱钩研究——以金昌市为例 . 开发研究，（3）：162-165.
任福兵，吴青芳，郭强 . 2010. 低碳社会的评价指标体系构建 . 科技与经济，（2）：68-72.
邵冰 . 2010. 日本低碳经济发展战略及对我国的启示 . 北方经济，（7）：27-28.
沈鸿 . 2010. 中国低碳化社会建设的动因问题和方向 . 全国商情・理论研究，（17）：14-17.
斯德斌 . 2013. 我国低碳社会的发展模式和实践途径 . 河南科技，（5）：172-173.
孙智君，王文君 . 2010. 发达国家发展低碳经济的路径和政策 . 学习月刊，（10）：12-13.
谭志雄，陈德敏 . 2011. 中国低碳城市发展模式与行动策略 . 中国人口・资源与环境，（9）：69-75.
藤野纯一，岩渊裕子，夏原友树 . 2008. 日本建设低碳社会行动方案的 12 项行动方案 . 东京：日刊工业新闻社 .
田思源 . 2011. 日本低碳社会的核电依赖与法政策 . 清华法学，5（3）：154-164.
汪雨 . 2014. 西部地区低碳城市评价及建设路径研究 . 成都：西南财经大学硕士学位论文 .
王凡，刘东平 . 2011. 丹麦——零碳生活细节 . 北京：中国青年出版社 .
王芳 . 2011. 论低碳社会建设的三个关键着力点 . 南京社会科学，（10）：65-71.
王敬生 . 2004. 西部地区旅游业经济效应及对策建议 . 西安：西北大学硕士学位论文 .
王新，李晓萌 . 2010. 国外低碳社会建设经验及其启示 . 商业时代，（34）：97-99.
王英平 . 2006.《京都议定书》及后京都时代的国际气候制度 . 青岛：中国海洋大学硕士学位论文 .
吴彼爰，高建华 . 2010. 中部六省低碳发展水平测度及发展潜力分析 . 长江流域资源与环境，（S2）：14-19.
吴承华 . 2003. 金昌市生态环境现状及保护对策 . 生态环境，16（3）：232-234.
西岗秀三 . 2011. 日本低碳社会的设计——零碳排放是否可能 . 东京：株式会社岩波书店 .
夏堃堡 . 2008. 发展低碳经济，实现城市可持续发展 . 环境保护，（3）：33-35.
夏丽萍 . 2010. 金昌市产业结构的基本特征与转型路径 . 商场现代化，（632）：116-117.
小宫山宏 . 2010. 低碳社会 . 东京：幻东社文库 .
谢更放，余侃华 . 2015. 低碳城市发展模式及推进策略研究 . 生态经济，（6）：84-87，91.
谢雄标，严良 . 2011. 西部矿产资源产业的现状、问题及升级路径选择 . 中国矿业，20（11）：17-20.

解振华．努力创建中国特色低碳经济发展模式．山西能源与节能，2010，(1)：14.
邢继俊，黄栋，赵刚．2010. 低碳经济报告．北京：电子工业出版社．
熊小青．2011. 我们应在何种意义上理解低碳社会．燕山大学学报（哲学社会科学版），(2)：25-30.
熊焰．2011. 低碳转型路线图：国际经验、中国选择与地方实践．北京：中国经济出版社．
薛桂波．2011a. 低碳社会的文化动力．学术交流，(4)：138-142.
薛桂波．2011b. 如何看待人与自然的博弈——低碳社会的自然观辨析．辽宁大学学报（哲学社会科学版），(3)：26-29.
薛桂波．2011c. 马克思自然观视角下的低碳社会建设．华中农业大学学报（社会科学版），(5)：123-126.
薛进军，赵忠秀．2011. 中国低碳经济发展报告（2012）．北京：社会科学文献出版社．
严妮飒，王亚东．2015. “一带一路”战略对我国西部地区发展的机遇与挑战．北方经济，(7)：50-52.
颜艳梅，王铮，吴乐英，等. 2016. 中国碳排放强度影响因素对区域差异的作用分析. 环境科学学报，36（9）：3436-3444.
杨继华．2013. 昆明市低碳经济发展现状及策略研究．昆明：云南大学硕士学位论文．
杨丽雪，单德朋，苏永杰．2014. 生态环境、碳排放与贫困减缓——基于西部地区省级面板数据的实证研究．西南民族大学学报，(6)：150-154.
杨嵘，常煊钰．2012. 西部地区碳排放与经济增长关系的脱钩及驱动因素·经济地理，32（12）：34-39.
一般社团法人能源、资源学会．2011. 走向低碳社会：由资源、能源、社会系统开创未来．宁亚东，宋永臣，王秀云译．北京：科学出版社．
余兴奎．2012. 昆明市水资源优化配置．昆明：昆明理工大学硕士学位论文．
张景华．2013. 新型城镇化进程中的税收政策研究．经济学家，(10)：55-61.
张坤民，潘家华，棋大鹏．2009. 低碳发展论．北京：中国环境科学出版社．
张天勇．2011. 发达国家的低碳经济经验．中国石油企业，Z1：63-65.
张永凯，杨亚琴．2015. 资源型城市循环经济发展模式及效益研究——以甘肃省金昌市为例．兰州财经大学学报，31（5）：37-44.
张利，李鹏．培养低碳社会人才引领推广低碳理念．北京教育（高教），2010，(Z1)：68-69.
张云霞．2005. 昆明市滑坡泥石流分布规律及成因．昆明：昆明理工大学硕士学位论文．
赵雪梅．2015. 安徽居民生活能源消费碳排放测度及影响因素分析．邵阳学院学报（自然科学版），2（2）：51-57.
赵媛，梁中，袁林旺，等．2001. 能源与社会经济环境协调发展的多目标决策．地理科学，21（2）：165-168.
中国人民大学气候变化低碳经济研究所．2011. 中国低碳经济年度发展报告（2011）．北京：

石油工业出版社.

朱翔，范翘，赵先超.2014. 中部地区低碳经济发展潜力比较研究. 西北农林科技大学学报（社会科学版），(3)：128-136.

庄贵阳.2007. 中国：以低碳经济应对气候变化挑战. 环境经济杂志，（Z1）：69-71.

Aldy J E，Krupnick A J，Newell R G，et al. 2010. Designing climate mitigation policy . Journal of Economic Literature ，48（4）：903-934.

Andrew S. 2009. Developing transport infrastructure for the low- carbon society. Oxford Review of Economic Policy，25（3），391-410.

Charles H J，Renaud C. 2008. low- carbon societies：a challenging transition for an attractive future. Climate Policy，8（6）：607-612.

Conrad E，Cassar L. 2014. Decoupling economic growth and environmental degradation：Reviewing progress to date in the Small Island State of Malta. Sustainability，6：6729-6750.

Cornwell A，Gunasekera D. 1998. Essential elements of tradable permit schemes in trading greenhouse emissions：Some Australian perspectives，11（7）：17.

Fan Y，Liu L C，Wu G，et al. 2006. Analyzing impact factors of CO_2 emissions using the STIRPAT model. Environmental Impact Assessment Review，26（4）：377-395.

Fiorito G. 2013. Can we use the energy intensity indicator to study "Decoupling" in Modern Ecomomies? Journal of Cleaner Production，47：161-173.

Glaser E L. 2008. The greenness of city. Rapport Institute Taubman Center Policy Briefs，3：1-11.

Goodall C. 2007. How to Live-Carbon Live-The Individual's Guide to Stopping Climate Change. London：Sterling，VA.

Huang W M，Lee G W M，Wu C C. 2008. GHG emissions，GDP growth and the Kyoto Protocol：A revisit of Environmental Kuznets Curve hypothesis. Energy Policy，36：239-247.

Jim S，Shuzo N. 2008. Policies and practices for a low- carbon society . Climate Policy（Earthscan），(8)：5-6.

Jun F，Dean P，Mitsutaka M. 2009. Low- carbon society scenario：ICT and Ecodesign. Information Society，25（2）：139-151.

Lantz V，Feng Q. 2006. Assessing income，population，and technology impacts on CO_2 emissions in Canada：where's the EKC. Ecological Economics，57（2）229-238.

Lenton T M，Held H，Kriegle E，et al. 2008. Tipping elements in the earth's climate system. Proceedings of the National Academy of Sciences of the United States of America，(2)：1786-1793.

Monforte F A. 1998. Short term energy forecasting with neural networks. Energy Journal，(4)：43-62.

NYC. 2011. PlaNYc：A Greener，Greater New York. http：//S_ media. m/c. gov/agencies/Planyc 2030/pdf/planyc_ 2011_ Planycfullreport. pdf［2016-11-05］.

Richmond A K，Kaufmann R K. 2006. Is there a turning paint in the relationship between income and energy use and /or carbon emissions? Ecological Economics, 56: 176-189.

Shukla P R, Subash D, Diptiranjan M. 2008. Low- carbon society scenarios for India. Climate Policy (Earthscan), 8: 156-176.

Strachan N, Foxon T, Fujino J, et al. 2008. Modelling Long-term Scenarios for Low Carbon Societies (climate policy). London: Routledge.

Tokyo Metropolitan Government. 2010. Tokyo Climate Change Strategy: Progress Report and Future Vision. https: //www. kankyo. metro. tokyo. jp/en/attachement/tokyoClimatechangystrategy_ Progressreport 03312010. pdf [2016-10-20].

Van Egteren H V, Weber M. 1996. Marketable permits, market power, and cheating. Journal of Environmental Economics and Management, 30 (2): 161-173.

Weigend A S. 1996. Time series analysis and prediction using gated experts with application to energy demand forecasts. Applied Artificial Intelligence, 10 (6): 583-624.